여행 지리와 톡톡 윤리

여행 지리와 톡톡 윤리

초판 1쇄 발행일 2019년 9월 6일
초판 2쇄 발행일 2021년 11월 20일

지은이 김미덕
펴낸이 양옥매
디자인 임홍순
교 정 조준경

펴낸곳 도서출판 책과나무
출판등록 제2012-000376
주소 서울특별시 마포구 방울내로 79 이노빌딩 302호
대표전화 02.372.1537 **팩스** 02.372.1538
이메일 booknamu2007@naver.com
홈페이지 www.booknamu.com
ISBN 979-11-5776-772-4 (43190)

이 도서의 국립중앙도서관 출판시도서목록(CIP)은 서지정보유통지원 시스템
홈페이지(http://seoji.nl.go.kr)와 국가자료공동목록시스템
(http://www.nl.go.kr/kolisnet)에서 이용하실 수 있습니다.
(CIP제어번호 : CIP2019033496)

여행 지리와
Talk Talk
톡톡 윤리

글·사진 **김미덕**

책과나무

불과 몇 년 전만 하더라도 중·고등학생들이 학교를 결석하면서까지 가족과 함께 여행을 가는 것이 말처럼 쉽지 않았다. 그런데 2016년부터는 학교장허가 현장체험학습으로 연간 7일간 결석을 해도 출석으로 인정받을 수 있게 되었으며, 2018년부터는 연간 20일로 그 기간이 늘어났다.

과거에는 초·중·고 학생 신분으로 여행을 가는 것은 학교에서 주관해서 떠나는 수학여행 정도였는데, 오늘날에는 학교장허가 현장체험학습을 통해서 부모와 함께 여행을 가는 것이 보편화되었다. 물론 그렇지 못한 학생들도 많이 있고 지역마다 다르기는 하지만, 특히 징검다리 휴일이 있을 때는 많은 학생들이 학교장허가 현장체험학습을 신청하곤 한다.

초등학교에서는 많은 학부모들이 방학이나 주말을 이용하여 교과서에 실린 지역을 아이들과 함께 여행한다. 여행을 함께할 수 없는 부모들은 팀별로 묶어서 답사 체험을 할 수 있는 프로그램에 자녀들을 참여시키기도 한다. 중학교에는 자유학년제가 시행되면서 주제별 체험 학습 프로그램으로 여행 관련 과목이 많이 개설되기도 한다. 고등학교에서는 진로선택 교과로 『여행 지리』가 개설되어 있다.

그렇다면 우리는 왜 여행 지리를 배워야 하는가? 여행에 관한 정보는 수년 전 쓰인 교과서보다는 인터넷에서 실시간으로 확인하여 정보를 얻을 수 있는 것이 많음에도 불구하고 교과로 여행 지리 과목이 개설된 것은 우리에게 시사하는 바가 크다.

2015 개정 교육과정 구성은 미래 사회가 요구하는 핵심 역량을 함양하여 바른 인성을 갖춘 창의융합형 인재를 양성하는 데 중점을 둔다. 인문·사회·과학기술 기초 소양을 균형 있게 함양하고, 학생의 적성과 진로에 따른 선택학습을 강화한다. 교과의 핵심 개념을 중심으로 하고 학습 내용을 구조화하고 학습량을 적정화하여 학습의 질을 개선한다.

필자는 중·고등학교에서 왜 여행 지리를 배워야 하는지를 고민하면서, 여행 지리와 윤리와의 관계에 중점을 두고 교수 학습 자료를 제시하려 한다. 또한 여행 지리에서 왜 윤리적인 대화가 필요한지를 생각해 보고자 한다.

그리고 학생 참여형 수업을 활성화하고 학습의 즐거움을 경험하도록 하고자 교과 간에 경계를 짓기보다는 다양한 방법을 통해 수업 지도안을 구성하고자 한다.

'여행'이란 자신의 생활공간을 벗어나 일정 기간 다른 지역을 방문하는 활동이며, 사람마다 같은 장소를 서로 다르게 경험하기도 한다. '지리'는 지표상의 자연환경인 지형·기후·토양·식생 등과 인문현상인 인구·도시·경제·공업·서비스산업 등을 종합적으로 연구하며, 특정 지역의 지역성을 탐구한다. '윤리'는 사람으로서 마땅히 행하거나 지켜야 할 도리로 인간 행위의 규범에 관해 연구한다.

여행 지리는 첫째, 삶에 지쳐 있을 때 습지와 같은 역할을 해 준다. 습지는 바다처럼 물에 완전히 잠겨 있지는 않지만, 일 년 중 일정 기간 이상 물에 잠겨 있거나 젖어 있는 땅을 말한다. 습지는 육지와 물을 이어 주는 중간 단계의 생태적 환경 특성을 가지고 있어 다양한 생명체들의 보금자리가 된다. 더불어 수질 정화, 홍수 방지, 기후 조절 그리고 아름다운 경관까지 우리에게 제공해 준다. 여행 또한 습지와 같은 이유로 우리에게 소중한 역할을 하므로 우리가 꼭 경험해 봐야 할 이유라고 생각한다.

둘째, 과거와 미래를 이어 주는 다리 역할을 해 준다. 과거 배를 타야만 갈 수 있는 섬들 중에 다리가 연결되어 쉽게 갈 수 있는 곳들이 많다. '다리'는 하천이나 계곡, 호수, 도로 등을 건널 수 있도록 이쪽과 저쪽을 연결하고 이어 주는 역할을 한다. 연결하고 이어 준다는 것은 참으로 중요한 일이다.

셋째, 지리는 단순히 세계에서 가장 긴 강이나 높은 산, 나라 이름과 위치를 외우는 학문이 아니며, 세상을 넓고 따뜻하게 바라보아야 한다. 세계 곳곳의 지형이나 기후 등 매력적인 자연환경을 이해하고, 다양한 축제와 문화를 경험하면서 그들의 기쁨과 슬픔, 행복과 아픔을 이해하는 동시에 윤리적인 문제까지 유추해 볼 수 있다.

넷째, 지금 우리가 어디에 있고 앞으로 어디를 향해 가야 하는지를 말해 준다. 지리 여행은 그 나라의 지형과 그 위에서 살아가는 사람들의 문화와 철학을 이해하는 데 나침반 같은 역할을 해 준다. 그들을 통해 자신과 주변 사람들의 삶을 비교해 볼 수 있다. 더 나아가 인간과 더불어 살아가는 생명체와 공존을 위해 어떻게 하면 더 행복해질 수 있는지에 대해 생각해 볼 수 있다.

대학을 다닐 때 대체로 역사나 지리를 전공하는 교과에서 답사를 많이 간다. 답사를 주로 가는 학과가 아닌 교과에서 답사를 가면 다들 의아해한다. 답사는 특정 교과에서만 하는 것이 아니라 똑같은 장소에 가더라도 보는 관점에 따라 달리 해석할 수 있는 여지가 있기 때문에, 어떤 교과이든 꼭 필요하다. 국어 전공자들은 언어 관련 답사를, 윤리 전공자들은 자연환경, 문화 그리고 인간의 의식 등 옳고 그름의 문제와 관련해서 답사를 하는 것이다.

여행은 인생 진로를 설정하기 위해 매우 소중한 경험을 제공하며, 사회성 발달과 자신의 의사 결정 능력을 향상시키는 데 많은 영향을 미친다. 따라서 여행을 왜, 어떻게 해야 하는지 윤리적인 대화를 통해 찾아보기로 한다.

2019년 8월
김미덕

차례

CHAPTER 01

톡톡 Talk Talk 윤리와 지리 여행 준비

CHAPTER 02

시와 이야기가 있는 지리 여행지

톡톡 Talk Talk 윤리와
지리 여행 준비 ▶▶▶

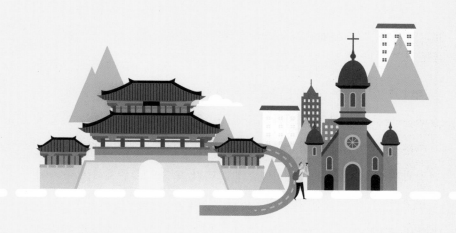

지리는 인문학이기도 하고 자연과학이기도 하며, 자연환경을 통해 형성되는 인간들의 생활 모습 속에서 윤리적인 문제가 발생하기도 한다. 우리는 여행을 통해 세상을 바라보는 눈이 달라질 수 있다. 자연과 문화를 체험하는 다양한 활동은 미래의 변화를 예측하고 타인의 삶을 좀 더 이해할 수 있는 안목을 길러 준다. 따라서 무작정 떠나는 여행보다는 여행의 종류에 따라 철저히 준비한다면 좀 더 알찬 경험을 제공할 것이다.

오늘날 우리 사회에서는 여행이 보편화되어 가고 있다. 그러나 정작 우리는 여행을 자기중심적으로 생각하고, 무언가를 소비하기 위해 떠나고 있는 것은 아닌가 하는 생각이 들기도 한다. 여행을 통해서 자신은 너무 즐겁고 기쁘지만, 그것으로 인하여 다른 사람들을 힘들게 하는 것이 아닌가를 생각해 보아야 한다. 여행에는 우리가 밟고 있는 땅과 주변 사람들을 이해하며, 왜 그러한 모습으로 존재하는지 물어보고 알아 가는 과정이 있어야 한다. 우리가 내딛고 있는 자연환경과 주변 사람들을 배려하고 사랑하게 되는 여행이야말로 진정한 여행이 아닐까 하는 생각이 든다.

여행을 할 때 유의해야 할 사항들이 많다. 숙소를 예약했는데 방이 없거나 숙박 예약 사이트가 폐업해 놓고 계속 영업을 해서 피해를 보기도 한다. 또한 홈페이지를 보고 예약했는데 실제 사진과 다른 경우도 있다.

어떤 여행객들은 화분 깨고 바닥에 토까지 해놓고 몰래 가 버리거나, 단체로 몰려와 초토화시켜 놓고 말없이 퇴실해 버리기도 한다. 호텔이나 음식점에 예약해 놓고 나타나지 않는 노쇼로 인해 발생하는 손실은 약 4조 5,000억 원에 이른다. 이를 막기 위해 보증금 제도를 활용하고 있지만, 여행을 할 때 서로 지켜야 할 매너들에 대한 인식 변화가 없는 한 피해는 계속될 것이다.

열차나 버스 등 공공장소에서 악취에 가까운 냄새를 풍기는 음식 섭취는 삼가야 하며, 담배를 피우거나 난폭한 행동 및 소란스럽게 하는 것은 다른 여행자들의 안전을 위협하는 행위이다. 앞좌석 틈새로 다리를 뻗치거나 머리카락을 좌석 뒤로 늘어뜨려 뒷사람에게 불편을 주는 것은 다른 사람들의 여행을 망치는 행위이다.

여행은 아는 만큼 보이고 준비하는 만큼 얻게 되어 있다. 여행을 하기 전에 유의해야 할 사항들을 참고로 하여 준비한다면 인생의 소중한 경험들과 더불어 행복한 여행을 경험할 수 있을 것이다.

1. 여행을 위한 준비

(1) 준비물

가. 짐 싸기(상황에 맞게 준비하기)

나. 지리 여행 정보 얻기

다. 여행 관련 사이트

- 한국관광공사(http://korean.visitkorea.or.kr)
- 국토해양부의 국토포털(http://www.land.go.kr)
- 토지주택공사의 국토사랑(http://landlove.kr)
- 행정안전부의 지역정보포탈(http://www.oneclick.or.kr)

- 국내여행블로그 (http://blog.naver.com/korea_diary)

라. 숙박업체 사이트

- 부킹닷컴 www.booking.com
- 아고다 www.agoda.com
- 호텔스컴바인 www.hotelscombined.co.kr
- 호텔스닷컴 kr.hotels.com
- 카약닷컴 www.kayak.co.kr
- 트리바고 www.trivago.co.kr
- 데일리호텔 corp.dailyhotel.co.kr
- 에어비앤비 www.airbnb.co.kr 등 다수

*인터넷 숙박 예약 사이트 이용 시 피해를 보는 사례가 늘어나고 있으며, 호텔별로 거래 조건, 가격, 제한 사항 표시 방법이 다르기 때문에 예약 시 꼼꼼히 살펴보아야 한다.

마. 해외여행자의 준비 사항

① 여권 발급: 여권발급신청서 1부, 여권용 사진 1매, 신분증(주민등록증, 운전면허증), 병역의무자인 경우 병역관계서류 1통, 18세 미만인 경우 부모의 여권발급 동의서 및 인감증명서

- 여권용 사진: 신청일 전 6개월 이내 촬영한 정면 사진(가로3.5cm*세로 4.5cm, 흰색 바탕 무배경, 색안경과 모자 착용 금지)
- 단수 여권: 유효 기간 1년 이내로 1회만 사용, 발급 후 6개월 이내
- 복수 여권: 유효 기간 10년, 복수 여권은 18세 이상 성인만 발급

② 항공권 예약: 메타서치로 항공권 검색하기

- 메타서치 서비스를 통해 항공권 비교, 최종 결제는 항공사 또는

여행사를 통해 항공권을 구매(환불 규정 및 노쇼, 취소, 탑승 정보 변동 등 위약금도 관련 사항 확인)

- 같은 시간 및 좌석이라도 가격이 다름(얼리버드, 땡처리 항공권 확인)

③ 비자신청: 방문하고자 하는 나라의 입국허가 신청하기

- 무비자: 미주 지역은 34개국, 유럽 지역은 셍겐 가입국[1]을 포함해 54개국, 대양주 14개 국가(2018년 12월 기준, 전 세계 187개국에 관광, 친지 방문, 출장 목적으로 단기간 방문할 시 무비자)

- 90일간 무비자: 일본, 태국, 홍콩, 마카오, 싱가포르, 말레이시아, 대만 등

- 30일간 무비자: 라오스, 미얀마, 브루나이, 인도네시아, 필리핀 등

- 15일간 무비자: 베트남

- 비자 국가: 중국, 볼리비아, 인도, 미국, 캐나다 등

- 단수비자: 1회만 입국이 허용(여행에 주로 쓰임)

- 복수비자: 지정 기간 동안 자유롭게 국경을 오감

- 최근에는 전자 여행 허가제(ESTA)가 도입, 단, 출국시점에서 최소 72시간 이전에 허가 절차를 밟아야 함.

④ 호텔 예약: 직접 예약 및 예약 사이트 이용

- 호텔 예약 사이트: 직접 계약 또는 메타 서치 이용

- 직접 판매: 이벤트나 할인 프로모션이 많음

- 메타 서치: 여행사, 호텔 예약 서비스 판매 상품 가격 비교(검색 시점에서 가장 저렴한 가격에 예약)

---

1) 셍겐 국가(Schengenland)란 셍겐 영역 안에서 국경 검문소, 국경 검사소를 폐지한 국가를 말한다.

－호텔 예약 시 주의 사항: 호텔 예약 사이트 이용 시, 환불·취소·
변경, 중복결제·오버부킹·예약증과 다른 금액 부과 등 유의

⑤ 인천국제공항 가는 방법: 우리나라 최초, 두 개의 여객터미널을
운영

• 제1여객터미널: 아시아나항공, 저비용 항공사, 외국계 항공사

• 제2여객터미널: 대한항공, 델타항공, 에어프랑스, 알리탈리아항
공, KLM항공, 아에로멕시코, 중화항공, 체코항공, 아에로플루
트항공, 가루다인도네시 등

☞ 무료순환셔틀이 10분 간격으로 운행

⑥ 공항 부대시설 이용법

• 영화관: 인천국제공항 교통센터 지하1층 2개관(새벽 시간까지)

• 인공 아이스링크: 사계절 이용 가능(오후 8시까지)

• 겨울: 외투를 보관 및 택배 서비스

• 병원: 공항의료센터 운영, 제1여객터미널(24시간) 및 제2여객터미널

• 오성산 전망대: 공항의 전경 및 항공기가 이착륙

• 출국 심사 후 부대시설: 쇼핑 및 휴식 공간(라운지, 캡슐호텔, 샤워 시설)

• 컬처포트: 문화예술 프로그램, 상설공연 프로그램, 정기 공연 등

• 한국전통문화센터: 공항 내 총 5곳을 운영(한지, 단천, 나전, 민화 체험)

• 제1여객터미널 3층: 우리나라 국보급 문화재 유물 전시

(2) 지도 읽기

가. 지도: 지표면을 기호나 문자를 사용하여 실제보다 축소해서 그린
그림

나. 지도의 종류
- 음식점 같은 상점의 약도
- 버스노선도, 지하철노선도
- 별자리지도   · 교통지도
- 위성지도, 항공지도
- 자동차 내비게이션 지도
- 인터넷이나 스마트폰의 지도
- 뉴스나 신문, 잡지 등에서의 특정한 통계나 주제를 표현한 지도

다. 전자지도
- 인터넷지도: 구글(google)의 구글맵(map.google.com)
- 3차원 설치형지도인 구글어스(earth.google.com)
- 네이버지도(map.naver.com)와 다음지도(local.daum.net) 등
- 내비게이션: 티맵(T-map), 카카오 맵, 김기사 등

(3) 여행 종류와 고려해야 할 사항

여행 종류로는 자연 여행, 트레킹 여행, 문화 역사 탐방 여행, 산업 유산 및 건축 여행, 휴식 형태의 힐링 여행 등이 있다. 또 봉사 여행, 대안 여행, 생태 여행, 공정 여행 등이 있다. 여행의 동행자에 따라 가족 여행, 신혼여행, 나 홀로 여행, 업무상 여행, 직장 내 동료와의 여행 등이 있다.

여행을 하기 전에 다음 사항을 고려하여 여행을 계획해야 한다.

가. 국내 여행보다 해외여행이 더 경제적이라고 느껴지는가?

나. 여행의 의미와 자신이 원하는 여행이 무엇이며, 어떤 여행을 해야 하는가?

다. 우리가 찾는 여행지에 대한 이해와 지식은 어떻게 찾아야 하는가?

라. 여행자로서 갖추어야 할 조건은 무엇이며, 어떤 여행자가 되어야

하는가?

⑷ 여행을 하면서 생각해야 할 윤리적인 문제들은 무엇인가?

가. 여행은 이 사회에 어떤 영향을 주고 있으며, 경제적으로 정의로
　운 여행인가?

나. 우리의 여행이 현지 생태적 환경에 피해를 주지는 않는가?

다. 여행지에서 현지인과의 만남, 체험, 교제 등을 위해서 그들의 문
　화를 얼마만큼 이해하고 존중해야 하는가?

라. 여행지에서 문화를 직접 체험하기, 현지 음식 먹기, 현지인 민박
　하기, 현지인들의 생산품을 사도록 노력했는가?

마. 여행으로 인해 우리 주변에 부정적 영향을 발생시킬 수 있는 것은
　무엇인가?

바. 여행을 통해 긍정적 효과를 가지려면 어떻게 해야 하는가?

사. 여행을 통해 우리가 사회적으로 함께 그들과 상생할 수 있는 길은
　무엇인가?

2. 1인칭 글쓰기와 나를 돌아보는 여행

얼마 전 찰스 테일러(Charles Taylor)가 쓴 『자아의 원천들』이라는 책을
읽었다. 그는 데카르트와 베이컨 그리고 로크가 자아를 3인칭 시점(視
點)에서 바라보게 했다면 몽테뉴는 자아를 1인칭 시점에서 바라보게

했다는 점을 지적했다.[2] 오늘날 3인칭 시점의 글쓰기라면 대표적인 것이 간결체, 건조체로 특징지어지는 학술논문의 글쓰기일 것이다. 한편 1인칭 글쓰기의 대표적인 것은 일기, 편지, 수필 등의 글쓰기일 것이다.

　지난 주말 내소사에 들를 기회가 있었다. 입구부터 절 한복판까지 오가는 사람들로 붐볐다. 누구는 경치를 보기 위해 여행하고, 누구는 좋은 향토음식을 맛보기 위해 여행한다. 다른 이는 조용한 곳에서 맑은 공기를 마셔보기 위해 여행한다. 시인 우미자는 「내소사 연가」에서 내소사에서의 감회를 노래했다.[3]

　　　한 다발 꽃향기로 오시나요
　　　전나무숲 푸른 이끼 속
　　　결 고운 숨소리로 오시나요

　사람마다 여행하는 목적은 다르리라. 어떤 사람은 자신을 돌아보기 위해 여행한다. 시인은 한적할 때 내소사를 찾았을까, 아니면 한창 철에 내소사를 찾았을까?

---

2) 찰스 테일러, 권기동·하주영 역, 「자아의 원천들 현대적 정체성의 형성」(서울: 새물결, 2015), pp. 293-372.
3) 김영삼 편, 「한국시대사전」(서울: 을지출판공사, 2002).

(1) 여행이라는 은유

인지과학의 경험적 증거들에 기초하여 윤리학을 재해석한 마크 존슨(Mark Johnson)은 『삶으로서의 은유』에서 '논증은 여행', '사랑은 여행'이라는 은유를 설명한다.[4] 그의 다른 저서 『도덕적 상상력』에서는 '여행으로서의 결혼', '삶은 여행', '여행으로서의 통상', '이야기는 여행', '장기적인 의도적 활동은 여행' 등의 은유를 설명한다.[5] 요약하면 여행은 논증, 사랑, 결혼, 삶, 통상, 이야기, 장기적인 의도적 활동이다. 이 중에서 가장 친숙한 은유는 여행이 삶이요 이야기라는 것이다. 여행은 인생 이야기의 축소판이라는 의미로 달리 말할 수 있을 것이다.

존슨에 따르면 삶은 하나의 여행이다.[6] 장기적인 의도적 활동이기 때문이다. 장기적인 의도적 활동은 시작-과정-목표 도식을 따른다. 이것은 서사 또는 이야기의 구조와 같다. 존슨이 제시한 '삶은 여행'과 '이야기는 여행'이라는 2개의 단순 은유를 결합한 '삶의 이야기는 여행'이라는 복합 은유로 도식화해 볼 수 있을 것이다. 이것은 존슨이 제시한 '이야기는 여행' 은유의 도식을 변형시킨 것이다.[7]

(2) '삶의 이야기는 여행' 은유

삶(공간적 운동)		여행		이야기
움직이는 대상	⟶	여행자	⟶	주인공

---

4) G. 레이코프, M. 존슨, 노양진·나익주 역, 『삶으로서의 은유(수정판)』(서울: 박이정, 2003).
5) 마크 존슨, 노양진 역, 『도덕적 상상력: 체험주의 윤리학의 새로운 도전』(서울: 서광사, 2008).
6) 위의 책, p. 99.
7) 위의 책, p. 342.

최소의 조건	⟶	정당한 조건	⟶	무대
출발 지점	⟶	출발지	⟶	시작
종료 지점	⟶	목적지	⟶	결말
장애물	⟶	난관	⟶	적대자/난관
상호작용적 힘	⟶	갈등	⟶	투쟁/저항

우리가 나름대로 여행을 은유로 달리 표현할 수 있을까?

여행은 (　　　　　　)와/과 같다.

여행은 (　　　　　　)(이)다.

(3) 중등 도덕과 검정 교과서에 실린 '시'

출판사	집필진	단원		시
천재교과서	변순용 외	도덕①	I. 자신과의 관계 ❸나는 어떤 사람이 되고자 하는가? 3. 내가 존경하는 도덕적 인물은 누구인가?	p.58. 동해바다 후포에서-신경림
			❹삶의 목적은 무엇인가? 1. 나는 어떤 가치를 추구하는가?	p.70. 별 헤는 밤-윤동주
			II. 타인과의 관계 ❶가정에서의 갈등을 어떻게 해결할 것인가? 2. 오늘날 효란 무엇이며, 가족 사이의 도리를 어떻게 실천할 것인가?	p.113. 부모은중경-안춘근 역 상체-이기동 역「시경강설」
			❸성의 도덕적 의미는 무엇일까? 1. 내가 생각하는 성과 사랑의 의미는 무엇인가?	p.141. 꽃잎-이정하 「한 사람을 사랑했네」
		도덕②	III. 자연·초월과의 관계 ❹마음의 평화는 어떻게 이룰 수 있을까? 2. 나는 무엇을 희망할 수 있을까?	p.201. 희망-김현승

교학사	황인표외	도덕①	I. 자신과의 관계 ❸ 나는 어떤 사람이 되고자 하는가?	p.52. 서시-윤동주
			❺ 행복을 위해 어떻게 살아야 하는가? 1. 행복이란 무엇인가?	p.91. 행복해진다는 것 -헤르만 헤세
			III. 사회·공동체와의 관계 ❷ 다문화 사회에서 갈등을 어떻게 해결할 것인가? 3. 다문화 사회의 갈등을 해결하려면 어떻게 해야 할까?	p.213. 신분-하종오
		도덕②	II. 사회·공동체와의 관계 ❹ 우리에게 통일의 의미는 무엇인가? 3. 통일 국가를 형성하고 세계 평화에 기여하려면 어떤 자세를 지녀야 할까?	p.131. 만나고 싶었습니다 -고은·오영재
			III. 자연·초월과의 관계 ❹ 마음의 평화는 어떻게 이룰 수 있을까? 1. 고통을 어떻게 대해야 할까?	p.196. 가슴으로 느껴라 -헬렌켈러
비상교육	박병기외	도덕①	I. 자신과의 관계 ❶ 도덕적인 삶 3. 내가 도덕적이어야 하는 이유	p.21. 서시-윤동주
			❷ 도덕적 행동 4. 도덕적 성찰	p.44. 자화상-윤동주
			❸ 자아정체성 1. 진정한 나를 찾아서	p.54. 나-김광규
			II. 타인과의 관계 ❸ 성윤리 3. 이성 친구와 바람직한 관계를 형성하는 방법	p.152. 인연설-한용운
리베르스쿨	강성률외	도덕①	I. 자신과의 관계 ❺ 행복한 삶 3. 정서적·사회적 건강과 행복	p.103. 저녁에-김광섭
			II. 타인과의 관계 ❶ 가정윤리 1. 가정의 형성과 가정에서 생겨나는 갈등	p.110. 레시피 인생-김미희
		도덕②	III. 자연·초월과의 관계 ❹ 마음의 평화 2. 마음의 평화를 찾기 위한 노력	p.208. 용서의 꽃-이해인 용서-달라이 라마

금성출판사	차우규 외	도덕 ①	II. 타인과의 관계 ❶ 가정에서의 갈등을 어떻게 해결할 것인가?	p.102. 아름다운 가정 만들기 −데니스 레애 『행복할 때 살피고 실패할 때 꿈꿔라』−오종환
지학사	추병완 외	도덕 ①	I. 자신과의 관계 ❷ 도덕적 행동 4. 도덕적 성찰의 방법은 무엇일까?	p.42. 서시−윤동주
해냄에듀	이호중 외	도덕 ②	III. 자연·초월과의 관계 ❶ 자연관 1.인간은 자연의 주인인가?	p.141. 대답해 보아라−이현주
미래엔	정창우 외	도덕 ①	I. 자신과의 관계 ❶ 도덕적인 삶 1. 사람을 사람답게 만드는 것은 무엇인가?	p.17. 사람을 사람답게 만드는 것 −피터 모린
			❷ 도덕적 행동 5. 내가 할 수 있는 도덕적 성찰의 방법은 무엇인가?	p.30. 서시−윤동주 p.51. 아무래도 나는−이해인
			II. 타인과의 관계 ❸ 성윤리	p.146. 별자리−서덕준
		도덕 ②	II. 사회·공동체와의 관계 ❹ 통일윤리 의식	p.126. 봄바람과 철조망−노원호
천재교과서	변순용	생활과 윤리	II. 생명과 윤리 ❶ 삶과 죽음의 윤리 2. 죽음과 관련된 윤리적 쟁점	p.56. 원재가 세상을 하직했다는 말을 듣고 곡하다−이색 스스로 내 죽음을 애도하다−노수신 죽음의 방식−정끝별

CHAPTER 02

시와
이야기가 있는
지리 여행지 ▶ ▶ ▶

마음의 평화를
위한 여행

　우리는 여행을 하면서 많은 경험을 한다. 김정호는 대동여지도[8]를 만들기 위해 전국을 30년 동안 두루 돌아다니면서 땅에 이름을 붙이고, 생긴 모양을 그리고 높고 낮음, 멀고 가까움을 재었다. 고려 시대부터 오랫동안 명당을 찾아 전국을 여행했던 지관[9]들은 풍수론에 기반하여 집터와 묘터를 정하거나 길흉을 평가하였다.

　오늘날의 지도는 인공위성을 이용하여 세계 어디에서든지 자신의 위치와 속도, 시간을 알 수 있는 GPS 시스템에 의해 쉽게 접할 수 있다. GPS 시스템은 길 안내뿐만 아니라 복잡한 교통 상황을 알려 주기도 한다. 예전엔 여행은 특별한 사람들만이 누릴 수 있는 것이었으

---

8) 조선 후기의 실학자, 지리학자로 황해도 출생, 본관은 청도, 자는 백원(伯元), 백온(伯溫), 백지(伯之) 등이고, 호는 고산자(古山子)이다. 대동여지도는 '나라가 어지러울 때는 적을 쳐부수고 폭도들을 진압하는 데 도움이 되며, 평시에는 정치를 하고 모든 일을 다스리는 데 이용하도록' 제작되었다. 철종12년인 1861년 분첩절첩식으로 만들어진 이 지도는 남북을 22층(120리)으로 나누고, 각 층을 다시 8절(80리)로 구획하여 제작하였기 때문에 층과 절을 접으면 1권의 책(20×30cm)이 된다.
9) 한국의 유명한 지관으로 나말여초의 도선(道詵), 조선 초기의 무학(無學), 조선 중기의 남사고(南師古) 등이 있다.

[그림 1] 대동여지도 중 도성도 부분 1861년(철종 12) 김정호(金正浩)가 편찬, 간행하고 1864년(고종 1)에 재간한 병풍식 전국 지도첩. 보물 제850호. (출처:한국민족문화대백과)

나, 이제는 교통과 통신의 발달로 말미암아 많은 사람들에게 보편적인 일상생활이 되고 있다. 따라서 책임 있는 여행을 위해 꼭 숙지해야 하는 것이 여행 매너이다.

여행에는 매력적인 자연 경관을 찾아가는 여행, 각국의 축제와 종교, 건축, 음식, 예술 등 다채로운 문화를 찾아가는 여행, 인류의 성찰과 공존을 위한 여행, 사색과 산책 등 여행자의 행복을 위한 여행, 자신의 진로 탐색을 위해 주제를 정하고 떠나는 여행 등 다양한 종류가 있다.

여러분은 어떤 여행을 준비하나요?

1. 당산나무 내소사

🔭 여행지 살펴보기

   2005년 벚꽃 필 무렵에 찾은 내소사는 꽃구경을 나온 사람들이 많아 발 디딜 틈이 없었고, 사람들을 피해 다니느라 산사를 제대로 구경하지도 못했다. 다음 해 1월에 다시 찾은 내소사에는 눈이 많이 내려 인적이 드물었고, 전나무 숲을 꽤 오랫동안 감상하며 거닐 수 있었다. 2017년 가을 대학 은사님, 선배와 함께 다시 방문한 내소사에는 단풍을 즐기는 사람들이 너무 많아서 경치를 구경할 사이도 없이 밀려가고 밀려왔던 기억뿐이다.

   그동안 내소사를 방문하면서 찍었던 사진을 비교하면서 길재의 「회고가(懷古歌)」[10] 한 구절과 박현수의 시 「내소사」가 떠올랐다.

회고가 _길재

오백 년 도읍지를 필마(匹馬)로 도라드니.
산천은 의구(依舊)ᄒᆞ되 인걸(人傑)은 간듸 업다.

   내소사는 일주문에서 천왕문까지 600m가량 전나무 숲길로 이어진다. 천왕문 바로 앞 단풍 길과 더불어 전나무 길 끝난 지점 왼쪽 기슭

---

10) 회고가는 조선 초기에 길재가 지은 시조로 《청구영언(靑丘永言)》에 전한다.

에는 부도전[11]이 자리한다. 절 안으로 들어서면 950년이 넘은 당산나무가 있다. 이 나무를 '할아버지 당산'이라 부르며 일주문 바로 밖 당산나무를 '할머니'로 부른다. 불교 사찰에는 칠성각, 산신각 등 민간 신앙들이 절 안에 함께 공존하는데, 내소사에는 당산나무까지 존재한다. 매년 정월 보름에 내소사 승려들과 마을 사람들이 함께 당산제를 지낸다고 한다.

사찰 경내는 산봉우리들이 병풍처럼 둘러싸여 있고, 고려 시대의 동종 범종각[12]과 봉래루, 삼층탑, 설선당, 대웅보전 등 여러 건물들이 있다.

---

11) 부도(浮屠)란 승려의 사리나 유골을 안치한 묘탑(墓塔)으로, 부도를 통해 생애 및 행적 등을 알 수 있다.

12) 높이 1.3m, 직경 67㎝의 고려 후기 종으로서 보물 제277호로 지정되었으며, 고려 고종 9년(1222)에 청림사 종으로 주조되었으나 청림사가 없어진 후 조선 철종 4년(1853)에 내소사로 옮겨졌다.

🧭 정보 및 위치

능가산 관음봉 기슭에 위치한 내소사는 백제 무왕(633) 때 승려 혜구두타 (惠丘頭陀)가 창건하여 소래사라 하였다. 창건 당시에는 대소래사와 소소래사가 있었는데, 지금 남아 있는 내소사는 소소래사이다.

1633년(조선 인조 11) 청민(淸旻)선사에 의해 중건되었으며, 1865년(고종 2) 관해(觀海)가 중수하고 만허(萬虛)가 보수하였으며, 현존 사찰은 우암당 혜산대선사가 중창하였다.

내소사의 유래에 관해서 알 수 없으나, 임진왜란을 전후해서 불러온 것으로 추정된다. 대웅전(大雄殿:보물 291호), 고려동종(高麗銅鐘:보물 277), 영산회괘불탱(靈山會掛佛幀:보물 1268), 3층석탑(전북유형문화재 124), 설선당(說禪堂)과 요사(전북유형문화재 125),삼존불좌상(전라북도 유형문화재 제255호) 등 여러 문화재가 있다. 일주문(一柱門)부터 천왕문(天王門)에 걸쳐 약 600m에 이르는 전나무 숲길이 유명하며, 부속암자로는 청련암과 지장암이 있다.

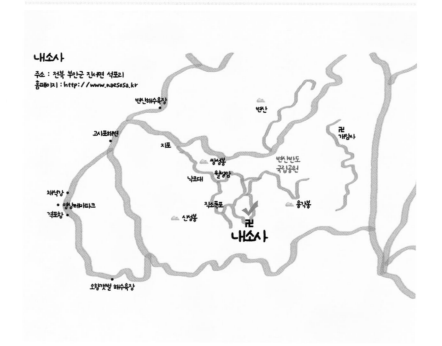

내소사는 크고 웅장한 절은 아니지만 사찰 입구의 전나무 숲길과 천왕문 좌우에 얕은 돌담이 자리한다. 드라마 〈대장금〉을 촬영했던 장소로 알려져서 외국 관광객들도 많이 찾으며, 꽃이 피는 봄과 단풍이 드는 가을에는 사람들이 매우 많다. 눈 내린 겨울에 방문하면 한가하면서도 고즈넉한 분위기를 느낄 수 있으며, 더불어 대웅보전의 아름다운 꽃살문도 볼 수 있을 것이다. 대웅보전은 일정치 않은 주춧돌 위에 쇠못 하나 쓰지 않고 모두 나무로만 깎아 끼워 맞춘 조선 중기의 대표적 건물이다. 사찰 중건 시, 대웅전 담당 목수는 3년 동안 나무를 목침덩이 만하게 토막 내어 다듬기만 했다고 한다. 호기심 많은 사미승[13]이 그중 한 개를 감추었고, 목수는 나무를 다 깎은 후 개수를 헤아려 보았다. 목수는 한 개가 모자란 사실을 발견하고, 자신의 실력이 법당을 짓기에 부족하다면서 일을 포기하려 했다. 사미승은 깜짝 놀라 감추었던 나무토막을 내놓았지만, 목수는 부정 탄 목재는 쓸 수 없다며 한 개를 뺀 나머지 목재로 법당을 완성했다. 그래서 지금도 대웅보전 오른쪽 앞 천장만 왼쪽에 비해 나무 한 개가 부족하다고 한다.[14]

---

13) 사미승(沙彌僧)이란 예비 스님으로, 십계를 받고 구족계를 받기 위하여 수행하고 있는 어린 남자 중을 말하며, 여자 예비 스님은 '사미니'라 부른다.
14) 내소사 홈페이지 '내소사의 전설' 수정 인용, http://www.naesosa.kr/bbs/content.php?co_id=1030, 네이버 지식백과 https://terms.naver.com/entry.nhn?docId=2054563&cid=42840&categoryId=42850

📷 사진 자료

· 전나무 숲길과 벚꽃 터널 ·

2006년

2017년

2006년

2017년

2018년

• 당산나무 •

2006년

2005년

2017년

2018년

• 사천왕문과 대웅보전 •

사천왕문, 2006년

사천왕문, 2018년

대웅보전, 2018년

내소사[15] –박현수[16]

1.

길은 흘러내린다
꿈꾸는 것은 모두
스스로의 무게로 흘러내리고 만다
모래도, 흐르는 모래만이
강을 이루고
산으로 떠돌 수 있는 것이다
내소사 낡은 문을 들어설 때
거대하게 꿈틀거리던
유사(流砂)가 하늘을 흐르고 있었다
어디선가
적막한 발소리가 걸어 들어온다
뫼비우스의 길
어디서 어디로 이어지는지는
아무도 모른다고 하지만
누군가 이 길을 개관하는 이가 있다

적요가 깊을수록
벽은 하나씩 허물어지고
내소사 낡은
뜨락에 단풍은 별처럼 지다

2.

길이 늘
수평선으로 흘러드는 서해에 서면
옥상에 뿌리를 둔 담쟁이처럼
가을은
경도를 타고 내려온다고 한다
전나무 숲을 지나
낙엽 붉어 길 더욱 밝은 외길을
하염없이 빨아들이는 내소사
볕이 드는 툇마루의 오후를
스님의 말은
그림자의 내 귓속으로 지나가고
내 말은
결 불거진 기둥 사이로 흩어지고 있었다
전나무 씨앗이 날아든다
사람은 누구나
자기가 진 짐이 한 짐이라서

청련암을 물었다
석벽 아래
한 뼘
스님의 손끝에 단풍이 탄다

---

15) 박현수, 『우울한 시대의 사랑에게』(청년정신, 1998).
16) 박현수(1966년~)는 1992년 한국일보 신춘문예에 시 「세한도」로 등단하여 꾸준하게 창작 활동을 하고
   있는 시인이자 우리 시를 비평적인 안목에서 다루는 문학평론가이다. 현재 경북대학교 인문대학 국어국문
   학과에 교수로 재직하고 있으며, 『형제산고』, 시집 『우울한 시대의 사랑에게』 등을 집필했다.

인연설 -한용운¹⁷⁾

함께 영원할 수 없음을 슬퍼 말고
잠시라도 함께 있음을 기뻐하고

더 좋아해 주지 않음을 노여워 말고
이만큼 좋아해 주는 것에 만족하고

나만 애태운다고 원망치 말고
애처롭기까지 한 사랑을 할 수 있음을 감사하고

주기만 하는 사랑이라 지치지 말고
더 많이 줄 수 없음을 아파하고

남과 함께 즐거워한다고 질투하지 말고
그의 기쁨이라 여겨 함께 기뻐할 줄 알고

이룰 수 없는 사랑이라 일찍 포기하지 말고
깨끗한 사랑으로 오래 간직할 수 있는

나는 당신을 그렇게 사랑하렵니다.

내소사 괘불탱화

내소사 백의관음보살좌상¹⁸⁾

1. 시인이 제시한 내소사에 나타난 심상은 무엇이며, 위와 같은 시를 쓴 까닭은 무엇일까요?

2. 한용운의 「인연설」과 내소사는 어떤 인연이 있을까요?

---

17) 한용운(1879년~1944년)은 승려, 시인, 독립 운동가이다. 충청남도 홍성 출신으로 법명은 용운, 법호는 만해(萬海, 卍海)이며, 대표 작품에는 『조선불교유신론』, 『님의 침묵』, 『흑풍』, 『후회』 등이 있다.
18) 괘불탱화와 백의관음보살좌상 사진은 현재 내소사 주지 월봉 진성 스님께서 사용을 허락한 것으로, 내소사에 보관되어 있는 불화(佛畫)이다.

3. 여러분은 같은 장소를 여러 번 여행한 적이 있나요? 만일 그렇다면, 그 이유를 설명해 보세요.

4. 같은 장소를 다른 사람과 여행하면서 얻는 것은 무엇이며, 그러한 경험은 자신의 삶에 어떤 영향을 미치나요?

📖 경험 성찰하기

1. 내소사를 여행하기 위한 계획을 구체적으로 세워 보세요.

가. 여행의 종류(동기, 대상지, 관심 대상, 경관, 교통수단 등 다양하게 제시)

나. 여행지 맛집 지도를 그려 보세요.

2. 내소사와 관련된 역사적 인물들을 찾아보고 그들의 인생 경험에서 가장 닮고 싶은 부분은 어떤 것인지 글로 써 보세요.

📱 **다음 여행 구상하기**

1. 내소사는 변산반도 국립공원에 위치한 여행지입니다. 아래는 내소사 주변 여행지입니다. 한 곳을 선택하여 여행 계획을 세워 보세요.
(여행 종류, 여행 방법과 경로, 교통수단 등)

· 개암사 · 월명암 · 채석강 · 적벽강 · 곰소(젓갈) · 직소폭포

2. 변산팔경을 찾아보고 여행 계획을 세워 보세요.

가. 이동 경로를 파악하고 시간을 계산하여 여행 계획을 세워 보세요.

- 변산팔경(邊山八景): 전라북도 부안군 변산반도 주변의 여덟 군데의
  경승지
 -웅연조대(雄淵釣臺)　　-직소폭포(直沼瀑布)　　-소사모종(蘇寺暮鐘)
 -월명무애(月明霧靄)　　-서해낙조(西海落照)　　-채석범주(採石帆柱)
 -지포신경(止浦神景)　　-개암고적(開岩古跡)

나. 변산팔경을 노래한 기행가사체 「변산팔경가」를 찾아보세요.

📖 학습 자료

1. 변산반도 국립공원
- **개암사:** 백제 무왕 35년(634)에 묘련 대사가 세웠다고 전하는 절.
- **월명암:** 변산의 제2봉인 쌍선봉(498m) 아래에 위치한 암자, 692
  년(통일신라, 신문왕 12) 부설거사에 의해 창건된 절이다. 그 후 여러
  차례의 중수를 거쳐 내려오다가 임진왜란 때 불타 없어진 것을
  진묵대사(震默大師)가 중건하였다.
- **채석강:** 전라북도 부안군 변산반도 맨 서쪽에 있는 해식절벽 지
  형은 선캄브리아대의 화강암, 편마암을 기저층으로 한 중생대 백
  악기의 지층이다. 바닷물에 침식되어 퇴적한 절벽이 마치 수만
  권의 책을 쌓아 놓은 듯하다.
- **적벽강:** 전라북도 부안군 변산면 격포리에 있는 경승지로, 전라

북도기념물 제29호, 후박나무 군락(천연기념물 123)이 있는 연안으로부터 용두산(龍頭山)을 돌아 절벽과 암반으로 펼쳐지는 해안선 약 2㎞, 291,042㎡를 적벽강이라 한다.

- **곰소(젓갈)**: 아마존이나 지중해 유역과 더불어 세계 5대 갯벌 중 한 곳으로, 그중에서도 가장 크고 이용 가치가 높은 곳이 채석강과 곰소 고창을 꼭짓점으로 하는 곰소만(줄포만)의 갯벌이다.
- **직소폭포**: 전라북도 부안군 진서면(鎭西面)에 있는 폭포, 석포리(石浦里) 소재 내소사(來蘇寺)의 북서쪽, 선인봉(仙人峰)의 동쪽 산자락에 형성된 계류폭포(溪流瀑布)로, 높이 20m 이상을 비류(飛流)하여 옥수담(玉水潭)에 떨어진다.

2. 변산팔경

- 1경 웅연조대: 곰소 앞의 웅연강에서 물고기를 낚는 낚시꾼의 풍치
- 2경 직소폭포: 내변산의 옥녀담 계곡에 있는 높이 30m의 폭포
- 3경 소사모종: 내소사의 은은한 저녁 종소리와 울창한 전나무숲의 경치
- 4경 월명무애: 쌍선봉 중턱의 월명암에서 바라보는 안개 낀 아침 바다
- 5경 서해낙조: 월명암 뒤의 낙조대에서 황해 바다로 해가 지는 풍경
- 6경 채석범주: 채석강의 층암절벽, 푸른 바다에 돛단배를 띄우는 선유
- 7경 지포신경: 지지포에서 쌍선봉까지 산봉우리의 진경

- 8경 개암고적: 개암사와 우금산성·묘암골의 유서 깊은 유적지와 경치

2. 홍익인간 삼성궁

여행지 살펴보기

오늘날 학교 현장에서는 학생을 가르치는 수업보다는 다른 행정 업무들이 너무 많이 주어진다. 학교폭력 책임 업무를 맡아 심신이 매우 지쳐 있었던 나는 명예퇴직을 심각하게 고민하는 선배 교사와 함께 무작정 길을 나섰다. 잠시 멈춰 나를 뒤돌아볼 수 있는 시간이 필요했다.

남쪽으로 내려가다가 칠곡 전통 시장에 잠시 발길을 멈춰 그 고장의 특산물을 구경했다. 팔순이 넘은 할머니의 손에 들려 있는 산나물들과 텃밭에서 가꾼 채소들이 매우 정겨워 한참 동안 그곳에 머물렀다.

섬진강 줄기 따라 예쁘게 피어 있는 철쭉 길 옆으로 놓인 레일 바이크, 자리를 잡고 앉아 본다. 페달을 밟고 천천히 달리다가 잠시 멈춰 주변 풍경을 구경하여도 뒤에서 누구 하나 재촉하는 사람이 없다.

삼성궁을 향하는 길목은 청학동인데, 그곳에는 서당들이 많다. 많은 학생들이 한학과 전통예절을 배우고자 모여드는데, 그 모습이 예사롭지 않다. 파란색 새 모양으로 된 집을 통과해서 올라가면 3,333개의 돌탑으로 쌓인 솟대가 있다.

🕥 정보 및 위치

삼성궁의 정확한 명칭은 '지리산청학선원 배달성전 삼성궁'으로 이 고장 출신 강민주[한풀선사]가 지리산 자락에 고조선 시대의 소도(蘇塗)를 복원하여 민족의 성조인 한배임[환인], 한배웅[환웅], 한배검[단군]을 모셨다.

1984년 삼성사(三聖祠)를 삼성궁으로 개명하였는데, 선도(仙道)의 중흥을 꾀하기 위해 화전민이 버리고 떠난 폐허 속의 원시림을 가꾸는 작업을 시작하였다. 삼성궁의 수행자들은 외부인의 출입을 제한하고 굴러다니는 돌을 모으고 연못을 파는 행선(行仙)을 하였다. 선도(仙道)를 지키고 수행하기 위해 하나둘 돌을 쌓아 올렸는데, 이 돌탑들을 '원력 솟대'라 부른다. 삼한 시대에 천신께 제사 지내던 성지, 소도(蘇塗)엔 보통 사람들의 접근을 금하려 높은 나무에 기러기 조각을 얹은 솟대로 표시를 했다. 그들이 수행의 일환으로 쌓은 솟대가 3,333개이다. 이들은 이곳에서 무예와 가, 무, 악을 수련하며 우리 민족의 맥을 복원시키고 홍익인간의 이념으로 이화세계(理化世界)를 실현하고자 한다.

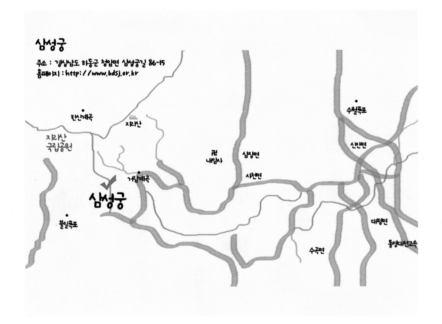

2006년 MBC 드라마 〈주몽〉에서 부여의 신녀가 왕 앞에서 "부여를 버리고 삼족오를 받들겠다."는 발언을 한다. 먼 옛날 우리의 조상들은 까마귀를 하늘의 뜻을 전하는 메신저로 여겨 신성하게 생각했다.

삼족오(三足烏)는 세 발 달린 까마귀를 형상화한 것으로, 하늘과 인간 세계를 연결해 주는 상상의 길조(吉鳥)로 상징화하여 표현하고 있다.[19]

일본과 중국에도 시조를 모시는 곳은 있고, 우리나라의 시조인 단군릉은 북한에 있어서[20] 남한에 단군을 모신 곳이 있다는 사실을 알지 못했다. 드라마를 통해 우연히 청학동에 있는 삼성궁에 대해 알게 되었다. 지리산청학선원인 삼성궁은 환인, 환웅, 단군을 모신 궁으로, 한풀선사[21]를 중심으로 수행자들이 선도(禪道)를 지키고 신선도를 수행하는 도장(道場)이다. 1983년부터 고조선 시대의 소도(蘇塗)를 복원하고자 수행자들과 함께 소도의 상징인 솟대를 쌓았다. 그들은 새벽부터 활쏘기와 검술 등 전통무예와 선무를 익히며, 오후에는 솟대를

---

19) 한편 까마귀는 흉조로서 저승새, 길흉을 예보하는 새로 간주되기도 하고, 간신, 사악한 무리, 불길(不吉)한 징조(徵兆)로 여기기도 한다.

20) 일본에는 시조신을 모신 '이세신궁'에 있고, 중국에는 시조 '황제 헌원'을 모신 관묘가 있으며, 우리나라에는 북한에 단군릉과 단군관련 유적 30여 종이 있다.

21) 한풀선사[강민주]는 청학동 '신선도(神仙道)'의 종파인 '동도교' 교주 집안에서 태어났다. 그는 6세부터 정신적 지주인 낙천선사로부터 천부경, 삼일신고, 참전계경 등 고대 신선도의 경전을 배웠고, 삼륜, 오계, 팔조, 구서의 계율을 배웠다. 30여 년간 환인, 환웅, 단군 등 배달민족의 시조로 추앙받는 삼성인(三聖人)을 모신 민족성전 '삼성궁'을 창건했다. [출처: 경남신문, 2013.09.06.일자, "청학동 '삼성궁' 창건 한풀 선사", http://www.knnews.co.kr/news/articleView.php?idxno=1085302]

세우거나 밭을 일구고, 저녁에는 법문을 공부한다. 한낮에도 햇빛이 들지 않는 토굴을 지나서 한참 걸어가다 보면, 수행하면서 쌓은 돌담으로 조성한 연못이 사계절에 맞게 다양한 색채를 드러내며 아름답게 자리하고, 맷돌과 절구통 그리고 다듬잇돌 등으로 꾸며진 길과 담장이 매우 짜임새 있게 꾸며져 있는 모습을 볼 수 있다.

수행자의 안내를 받으려면 궁 입구에 있는 징을 세 번 치면 되고, 그중 한 사람은 고구려식 도복으로 갈아입어야 안내를 받을 수 있다. 1년에 한 번 가을 단풍철에 한풀선사와 수행자들이 닦은 무예를 구경할 수 있는 '개천대제'라는 행사가 열리기도 한다.

삼성궁에 처음 들어갔을 때는 "여기가 뭐하는 곳이지? 종교 단체인가? 무예 훈련장인가?!"라는 여러 가지 생각이 들었다. 그러나 나올 때는 한 사람의 부단한 노력으로 우리의 민족혼이 지켜지고 있다는 생각을 하게 되었다.

📷 **사진 자료**

· **삼성궁 입구** ·

• 삼성궁 내부 •

· 삼성궁 내부 ·

솟대[22] —박성웅[23]

이듬해의 넉넉한 풍년을 빌며
오래오래 우리의 위안이 될 수 있으리.
갖고 싶어 하는 來日,
가져야 할 내일의 믿음.

배고픈 恨풀이, 잘 살자 하는 소망,
정직하게 한뜻을 세우고
비바람, 눈보라를 껴안고
예전과 같은 은근한 인심.
들판에 화들짝 키워 내는 봄날,
오곡백과 알차게 여무는 가을날,
하늘과 조상에 감사드리고
한 해를 살아온 한 해의 세간 일 잊으리.

삼성궁에 있는 솟대

오, 있어야 할 관습을 떠올리리.
새로운 날, 마음 가득 곳간 가득
그림자 밟히며 맺어졌던 삶에
한번 건넌 이승의 풍속이 될 수 있으리.

1. 위 시를 통해 시인이 말하고자 하는 것은 무엇일까요?

2. 솟대는 '소도'의 상징이라고 하는데, 소도는 어떤 곳일까요? 삼성궁과 솟대 사이에는 어떠한 관계가 있는지 찾아보세요.

22) 김영삼 편, 『한국시대사전』(을지출판공사, 2002), pp. 112.
23) 김영삼(1946년~)은 함북 출생으로 1982년 『한국문학』에 시 「소시첩(小詩帖) 1~4」가 발표되면서 문단
    에 등단했다. 대표시 '가얏적과 그 후의 이야기', 시집 『한 발디딤』(1987), 『두 발디딤』(1987), 『선사를
    향하여』(1996), 『몇 백 해리 멀리: 푸른별』(1999) 등이 있다.

경험 성찰하기

1. 삼성궁을 탐방하기 위해서 이동 경로와 우리나라 시조에 대해 알아보세요.

가. 삼성궁 이동 경로

나. 배달민족의 시조로 추앙받는 환인, 환웅, 단군에 대해 조사하고, 단군신화와 개천절의 유래에 대해 조사해 보세요.

2. 대한민국 교육이념인 홍익인간(弘益人間)과 이화세계(理化世界)에 대해 찾아보고, 삼성궁과 관련된 역사적 인물들을 찾아보세요.

3. 다른 사람들이 알아주지 않아도 우리 민족의 정체성을 지키고 복원하고자 끝까지 노력한 한풀선사, 그가 삼성궁을 창건한 이유는 무엇일까요?

한풀선사는 민족의 시조를 기념하는 '국조전'을 만들자고 정부에 건의했지만 받아들여지지 않았다. 삼성궁의 오른쪽 능선을 넘으면 '마고성'이 나오고, 선사의 집안에서 대대로 지켜 온 '삼신궁(마고신궁)'이 있다. 선사는 이를 토대로 '배달민족학교'를 지었다. 30여 년 전 제대로 된 길 하나 없는 곳을 혼자 10여 년간 혼자 수행하며 삼성궁을 창건하기 시작했다. 그는 호미와 삽, 낫으로 행선(수행)하면서 하루 80톤에 이르는 돌을 쌓았다고 한다.

4. 삼성궁은 종교단체일까요? 아니면 민족정기를 일으키는 장소일까요? 여러분의 생각을 글로 써 보세요.

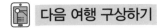 **다음 여행 구상하기**

1. 삼성궁 주변에 청학동, 하동호, 청암계곡 등 여행지가 많이 있습니다. 한 곳을 선택하여 여행 계획을 세워 보세요.

(여행 종류, 여행 방법과 경로, 교통수단 등)

2. 여행은 준비한 만큼 얻어지는 것도 많지만, 여행하면서 또한 새롭게 알게 되는 것들이 많습니다. 지리산 근처에서 구할 수 있는 먹거리들을 조사해 보세요.

3. 여행에 있어서 구경거리도 좋지만 맛있는 것을 먹는 것 또한 큰 즐거움입니다. 지리산 근처의 맛집 지도를 그려 보세요.

학습 자료

- 단군신화: 신원우 저, 『곰은 왜 사람이 되려고 했을까?』(책과나무, 2019).
- 삼국사기, 삼국유사
- 단군성전 유적지
- 인왕산 자락의 단군성전
- 청주 단군성전(청주시 향토유적 제84호)

3. 순교자의 첫발 나바위 성당

🔭 여행지 살펴보기

매년 두세 번 정도는 대학 때 은사님과 함께 전라북도 익산에 위치한 한 고등학교를 방문한다. 이 고등학교는 전국의 중학생들이 지원할 수 있는 곳으로, 대학 입시 결과가 좋고 학생들에게 많은 장학금을 지원하기 때문에 경쟁률이 높다. 이곳에서 교사로 재직 중인 선배를 만나기 위해 이곳을 방문하기도 했는데, 최근에는 친구 아들이 선배의 제자가 되었다. 이 친구는 학교를 다녀 보니 너무 좋다며 자신의 사촌 동생을 후배로 만들었다. 농어촌 지역에 있지만 학생들의 행복도가 높은 데다, 학생들의 학업과 건강을 위해 다방면으로 지원하는 학교가 부러웠다. 특히 교사들의 자기 계발을 위해 전폭적인 지원을 해 주기에, 선배는 수능 출제와 EBS 교재 집필을 마음 편안하게 할 수 있다고 했다.

선배는 주말에도 학교에 머무르면서 힘들어하는 학생들을 위로하고, 연구실을 개방하여 학생들의 질문을 기다린다. 교재 연구와 수업을 위해 늘 분주한 그에게는 우리가 내려가는 날이 그나마 자신을 위한 휴식 시간이며 모처럼 만에 떠나는 여행일 것이다.

선배가 '나바위'로 떠나자고 하자, 은사님의 입가에 엷은 미소가 번진다. 은사님은 제자들과 함께라면 어디든지 좋다고 하셨고, 나는 나바위에 대해 아무것도 모르는 채로 따라나섰다. 나바위가 기암절벽쯤이라 생각했는데, 알고 보니 천주교 성지였다. 나바위는 넓고 평평한 돌인 너럭바위가 화산 정상에서 강가를 따라 남서쪽으로 널려 있어

붙여진 마을 이름이라고 한다. 화산(華山)이라는 이름은 우암 송시열[24] 이 나바위 성당이 위치한 산의 사계절 모습이 너무 아름다워 붙인 것 이라고 한다. 처음에는 화산리에 위치하고 있어서 '화산 성당'이라고 했는데, 완주군 화산면과의 혼동을 피하기 위해 1989년부터 나바위 성당으로 달리 부르게 되었다고 한다.

은사님 가족들은 독실한 신자이고, 자신은 결혼하기 위해 세례를 받았다며 상기된 표정으로 성당에 들어섰다. 나바위 성당은 늘 보아 오던 동네의 성당과는 다르며, 한옥 목조 건물에 기와를 얹은 것이 특 징이다. 특히 회랑이 있어서 한국적인 아름다움이 느껴진다. 팔각형 창문은 채광에 유리할 것이고, 소나무와 매우 잘 어울려 보인다. 성 당 내부에는 칸막이 기둥이 있는데, 이것은 조선 후기 유교적인 관습 에 따라 남녀석을 구분하기 위한 것이었다고 한다. 또 내부에는 김대 건 신부의 유해 중 목뼈 일부가 보존되어 있다. 나바위 성당은 명동 성당과 절두산 성지와는 다른 분위기를 자아낸다.

🕛 정보 및 위치

전북 익산시 망성면 화산리에는 화산(華山)이 있는데, 사계절마다 바뀌는 산의 모습이 너무 아름다워 우암 송시열이 붙여 준 이름이다. 한쪽으로는 금강이 보이고, 한쪽으로는 은진과 충청도의 광활한 평야가 한눈에 보인다. 이 산의 끝자락에 넓은 바위가 있는데 이를 '나바위(羅巖)'라고 한다.

---

24) 송시열[1607(선조 40)~1689(숙종 15)]은 조선 후기 문신 겸 학자로, 호 우암(尤庵)·화양동주(華陽洞 主)이다. 노론의 영수이며, 이이의 학통을 계승하여 기호학파의 주류를 이루었다. 이이의 기발이승일도설 을 지지하고 발전시켰으며 예론에도 밝았다. 주요 저서에는 『송자대전』 등이 있다.

'나바위 성당'은 1907년 김대건 신부의 서품과 귀국을 기념하는 성당으로 완공되었으며, 1987년 7월 18일 사적 제318호로 지정되었다. 성당 설계는 명동성당 포아넬 신부가 도왔고 공사는 중국인들이 맡았다. 1897년 주임으로 부임한 베르모렐 신부가 동학농민 운동 때 망한 김여산(金如山)의 집을 1천 냥에 구입한 후 개조해 성당으로 사용한 것이다. 나바위 성당은 한국 초기 본당으로 내부의 제대, 성수대, 마룻바닥은 100년이 넘었으며, 당시 풍속에 따라 남녀의 좌석을 칸막이로 막고 출입구도 각기 달랐는데, 이것은 현재까지도 지켜지고 있다.[25]

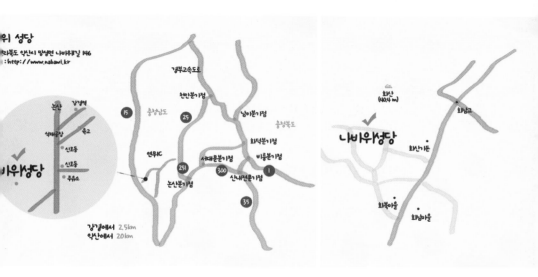

쌤의 경험 나누기

나바위는 김대건 신부(안드레아)가 한국에서 처음으로 사제가 되어 첫발을 디딘 곳으로 성지가 되었고, 지금의 성당 모습이 갖춰졌다.

25) 네이버 지식백과, https://terms.naver.com/entry.nhn?docId=3576985&cid=58838&categoryId=58845

15세의 나이로 마카오에서 사제 수업을 마치고 1844년 12월 한국 최초의 사제가 된 그는 1845년 10월에 사제 신분으로 조선 교구장 페레올 주교와 안 다블뤼 신부 그리고 조선 신자 11명과 나바위에 도착한다. 나바위는 상선도 정박하지 않던 아주 작은 나암포 화산 근처여서 비교적 안전했을 것이다.

이듬해인 1846년 5월에 그는 메스트로 신부를 영입하려다 체포되었다. 당시 조정은 쇄국정치를 펴고 있을 때라 김대건 신부를 위험인물로 지목하였고, 1846년 9월 25세의 젊은 나이에 서울 성 밖 새남터에서 참수당했다.

📷 사진 자료

나바위 성당 현재의 모습

나바위 성당, 사제관의 모습(오른쪽)

나바위 성당 외부

나바위 성당 내부

목숨 버려야 목숨 건지는 나바위에서 −김영수[26]

흰 구름들 자우룩 내리는
결 고운 바위산 나바위에는
바위 속에서도 나무들 무성합니다
망금정에서 바라보는 금강과 황산벌엔
영원한 청년의 숨결이 가득하고
나는 그리움으로 밀려오는
거룩한 상처의 향내 맡습니다
목숨 버려야 목숨 건지는 노래
하늘과 땅 맞닿는 여기 언덕에서
나는 바람 한 점에도 손 가벼워지기를
햇살 한 올에도 어깨 따뜻해지기를
촛불 속에서 눈을 감습니다
내가 살아서 죽고
또한 죽어서 살아날 때
나는 비로소 작은 미소 하나로 남아
숨은 나뭇잎 하나 깨우는 것입니까
이윽고 흰 구름들이
설렘의 숲으로 하늘 가득

치유의 경당

1. 연간 5만여 명이 찾는 이 성당에서 시를 통해 시인이 말하고자 하는 것은 무엇일까요?

2. 김대건 신부는 "이곳에서 나는 결코 우리 하느님을 저버리지 않을 것이오. 우리 종교의 진리를 듣고 싶으면 들어 보시오."라고 했다고 합니다. 여러분은 이 말이 무엇을 뜻한다고 생각하나요?

---

26) 김영수는 경북 선산 도개에서 출생, 「시문학」 통해 문단에 등단, 안동대학교 국어국문학과 명예교수이다.
   김영수, 「하늘길 가에 핀 꽃들」(가톨릭출판사, 2000.), p. 92.

망금정

1. 나바위 성당 여행 코스별 이동 경로를 그려 보고, 그 의미에 대해서 생각해 보세요.

　가. 성당 뒤편 '화산 언덕', 언덕 위의 '김대건 신부 순교기념비', '망금정'에서 내려다보이는 금강 황산포, 전국에서 최초로 신사참배 거부사태를 일으킨 성당에서 운영한 '계명학교' 등으로 분류하여 역사성이나 지역성 또는 경관적 가치로 나누어 계획을 세워 보세요.

　나. 성지 순례 로드 맵을 그려 보고, 그 길에 숨겨진 의미가 무엇인지를 찾아보세요.

2. 나바위 성당의 건축 양식을 분석해 보세요.

3. 베르모렐 신부는 1905년부터 성당 건축을 계획했고, 설계는 명동성당과 전동성당을 설계한 프와넬 신부가 도왔으며, 목수일은 중국인들이 하였다고 합니다. 터를 닦고 자재를 운반하는 일은 신자들이 도맡았는데, 신부가 성당을 창건한 이유는 무엇일까요?

4. 한국 천주 교회의 특성에 대해 생각해 보고, 중앙 열주에 의해 성당 내부 공간을 양분하여 기둥 사이에 칸막이를 설치한 이유가 무엇인지 토론해 보세요.

📱 다음 여행 구상하기

1. 익산은 백제 시대의 역사와 문화를 만날 수 있는 여행지로 매우 중요한 지역입니다. 다음 여행지 중 한 곳을 선택하여 여행 계획을 세워 보세요.

- 미륵사지   • 숭림사   • 익산교도소세트장   • 춘포역
- 함라마을 돌담길   • 바람개비 순례길   • 두동교회

2. 익산에는 간판 없는 맛집들이 많다고 합니다. 여행하면서 맛보게 되는 먹거리들을 조사해서 맛집 지도를 만들어 보세요.

📖 학습 자료

- **미륵사지:** 마한(馬韓)의 옛 도읍지, 한국 최대의 사찰지이며, 601년(백제 무왕 2) 창건되었다고 전해지며, 무왕(武王)과 선화공주(善花公主)의 설화로 유명한 사찰이다(국보 제11호인 동양 최대 석탑인 미륵사지 서석탑, 보물 제236호인 미륵사지 당간지주).
- **익산교도소세트장:** 영화 〈7번방의 선물〉 촬영지
- **함라마을 돌담길:** 전라북도 익산시 함라면 함열리 314번지에 조성된 길로, 돌과 흙을 섞어 쌓은 토석담이 주류를 이루며 토담, 돌담, 전돌로 쌓은 담 등 종류가 다양하다.
- **바람개비 순례길:** 전북 익산시 성당포구마을 강변에 2km에 걸쳐 바람개비가 설치되어 있어서 자전거로 여행하기에도 적합하다.

- **숭림사:** 대한불교조계종 제17교구, 신라 경덕왕(재위:742~765) 때 진표(眞表)가 창건함.
- **춘포역:** 100년이 넘은 역사
- **두동교회:** 'ㄱ'자형 교회

환경 문제 해법을
탐색하는 여행

1849년 인디언 시애틀 추장은 "어떻게 하늘을 사고팔 수 있을까? 어떻게 대지의 온기를 사고팔 수 있을까? 우리에게는 너무 낯선 얘기다. … 우리는 대지의 일부분이며, 대지는 우리의 일부분이다. … 숲은 어디 있는가? 사라졌다. 독수리는 어디 있는가? 모두 사라졌다. 이제 삶은 끝나고, 생존만 남았다."[27]라며 워싱턴 지사에게 말한다. 그는 연설문에서 인디언 부족의 몰락을 담담하게 이야기하고 있다. 결국 그는 백인들의 압력을 이기지 못하고 1855년 포트 엘리엇 조약에 서명하고 인디언보호구역으로 들어갔다.

미국은 독립과 더불어 서부를 개척하면서 토지를 두고 인디언들과 충돌했다. 인디언들은 토지를 차지하려는 백인들에게 무참하게 쫓겨 나기 시작했다. 삶의 터전을 빼앗기고 쫓기듯 다른 곳으로 이주해야

---

27) 시애틀 추장 외, 서율택 엮음, 『맨 처음 씨앗의 마음』(그림같은세상, 2002), pp. 157~163.

하는 그들의 아픔은 이제 남의 일이 아니다. 오늘날 우리는 환경오염으로 인해 동물과 식물뿐만 아니라 인간마저도 인디언보다 더 심각한 처지에 놓여 있다. 하지만 우리는 인류 전체의 생존을 위협하는 환경오염에 노출되어 있음에도 무감각하게 하루하루를 살아간다.

2018년 4월 중국이 플라스틱 쓰레기 수입을 금지하면서 서울 등 수도권 지역의 재활용품 업체들이 재활용품 수거를 거부하였다. 그러자 주택 및 아파트 일부에 재활용 쓰레기가 수북하게 쌓였다. 중국이 쓰레기 수입을 금지하자 미국과 영국 등은 중국을 대신해 말레이시아로 플라스틱 쓰레기를 수출하기 시작했으며, 우리나라 또한 말레이시아, 필리핀 등 동남아시아 5개국에 5만 톤이 넘는 쓰레기를 수출했다.[28] 결국 최대의 플라스틱 수입국이 된 말레이시아도 플라스틱 쓰레기 수입을 전면 금지하였다.[29]

이제 우리는 사용하기 편리한 일회용과 비닐 그리고 플라스틱에 대한 전반적인 점검이 필요하다. 일회용 플라스틱 쓰레기를 줄이기로 하고 있으나 포장재 감축 등 생산 과정에서부터 관리가 필요하다는 의견도 나온다.

지구촌 모든 사회 문제들이 상호 맞물려 있는데, 환경 문제는 소비, 생산, 유통뿐만 아니라 과학, 예술 등 모든 분야에 걸쳐 있다. 환경 문제의 해법을 찾는 일은 근본적인 원인이 잘못된 가치관에 있다는 것에서 출발해야 한다.

---

28) 뉴스1, 2018.04.03.일자, "쓰레기의 경제학, 중국은 왜 쓰레기 수입을 중지했을까"
29) 글로벌이코노믹, 2018.10.29.일자, "말레이시아, 중국 이어 '플라스틱 쓰레기' 수입 금지"

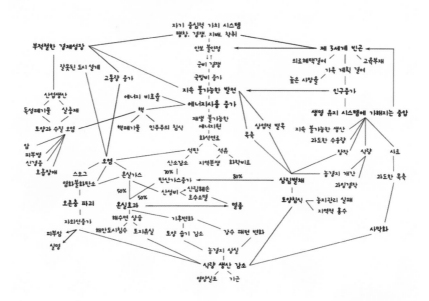

• 지구촌 문제들의 상호 의존성, 프리초프 카프라(Fritjof Capra), 1996.[30] •

4. 생명체의 안식처 순천만습지

해변에 앉아 차례로 바닷가로 밀려드는 파도를 바라보고 있노라면, 동일한 물이지만 파도마다 똑같지 않음을 알 수 있다. 자연은 계절마다 여러 가지 다양한 색깔로 변화한다. 하늘은 푸른색에서 시작하여 자주색, 녹색, 불자동차 같은 붉은색, 검은색으로 바뀔 수 있다. 그

---

30) 한국윤리학회, 『2012 제20차 한중윤리학국제학술대회 '현대 사회 윤리 문제의 특징'』, p. 15. 재인용

렇지만 그것들은 모두 똑같은 하늘이다. 우주는 스스로 재순환하며, 순간마다 신선하고 새롭다는 것을 알 수 있다. 개의 털은 새둥지의 편안한 안감이 되기도 한다. 따라서 하나의 실체가 개털도 되고, 새둥지도 된다. 썩은 나무줄기에서 생명이 싹트고, 잠자던 겨울이 지나고 여름이 찾아온다.

어머니의 얼굴을 보면서 해맑게 웃는 어린아이의 '자연스런(natural)' 미소가 우리 눈길을 사로잡는다. '자연스런'이라는 말의 의미는 무엇인가?

자연은 자석처럼 우리를 끌어당기지만, 신비로울 뿐 우리는 그것을 이해하지 못한다. 음악, 과학, 예술, 시는 물론 철학도 자연에서 영감을 얻으려 한다. 그러나 전체 자연 속에서 인간은 어디에 위치하는 것일까?

습지는 다양한 생명체들의 보금자리가 되며, 더불어 수질 정화, 홍수 방지, 기후 조절 그리고 아름다운 경관까지 우리에게 아낌없이 제공해 준다. 갯벌이 터전인 신안군 섬에서 태어난 우리 가족은 종종 자전거를 타고 소래습지 옆에 사는 동생네 집에 자주 들른다. 폐염전으로 방치된 곳 중심으로 생태공원을 조성하였는데, 자전거로 둘러보기에도 매우 넓은 곳이다. 지금도 염전학습장에서는 소금이 만들어지는 과정을 생생하게 관찰할 수 있으며, 갯벌체험장도 마련되어 있다. 또 근처에는 붕어와 잉어들이 서식하고 있는 담수연못도 있다.

우리 아버지는 섬에 버려진 황무지를 개간하여 농사지을 수 있는 땅을 만들었으며, 버려진 갈대밭을 정비해서 사람들이 드나들 수 있도록 하였다. 갈대밭은 다양한 동물들의 안식처가 되기도 하고, 땔감을 안정적으로 제공받을 수 있는 곳이기도 하였다. 민물과 바닷물이 교차하는 곳에는 물고기가 많아 시간만 되면 삼삼오오 모여 낚시를 했는데, 물고기를 낚으면 반은 새들이 다시 채 가는 일들이 벌어지곤 했다. 이렇듯 갯벌과 습지는 매우 소중한 삶의 터전이었으며, 우리에게는 놀이터였다. 지금도 우리 가족을 다시 모이게 해 주는 곳이다.

순천만습지는 세계 5대 연안 습지[31] 중 하나이다. 순천은 2018년 제13차 람사르협약[32] 에서 '람사르습지 도시'로 선정됐다.

우리나라의 람사르 습지

---

31) 세계 5대 갯벌은 한국의 서·남해안, 유럽의 북해 연안, 캐나다 동부 해안, 미국 동부 조지아 해안, 남아메리카의 아마존 하구이다.

32) 람사르협약은 1971년 2월 2일 이란 람사르(Ramsar)에서 습지와 습지의 자원을 보전하기 위해 만들어진 국제 환경 협약으로, 정식 명칭은 '물새 서식처로서 국제적으로 중요한 습지에 관한 협약(Convention on Wetlands of International Importance Specially as Waterfowl Habitat)'이다. 우리나라는 1997년에 가입하였다.

세계 5대 갯벌

북해연안

유럽

아시아

대한민국 서남해안

캐나다 남동부 해안

북미

미국 조지어주 해안

아프리카

아마존 하구

남미

⏱ 정보 및 위치

　순천만은 전라남도 순천시에서 남해안으로 돌출한 고흥반도와 여수반도의 사이에 있는 곳이다.[33] 순천만에는 갯벌, 염생습지, 구하도, 자연제방, 하천지형 (범람원, 배후습지) 등이 있으며, 동천하구는 해식애[34], 서쪽 해안 방조제를 만들어 간척하였다.

　순천만 갈대 군락지는 약 5.4㎢에 달하며 우리나라에서 가장 넓은 갈대밭으로, 천연기념물 흑두루미, 검은머리갈매기 등 25종의 국제 희귀조류와 황새, 저어새 노란부리백로 등 220여 종의 한국조류가 서식하고 있다.

---

33) 순천만의 지리적 위치는 북위 34°49′~34°57′, 동경 127°30′~127°35′로, 행정구역상 전라남도 순천 시와 고흥군, 여수시로 둘러싸여 있다. 동쪽은 여수시, 서쪽은 고흥군, 남쪽으로 13km에 이르는 만의 입 구에는 여수시의 적금도(積金島), 북쪽은 보성군과 순천시가 근접해 있는 원형에 가까운 만으로 남북직경 약 30km, 동서 22km이다.

34) 해식애[sea cliff, 海蝕崖]란 파도의 침식 작용과 풍화 작용에 의해 해안에 생긴 낭떠러지를 말한다.

순천만습지
주소 : 전남 순천시 순천만길 513-25
홈페이지 : http://www.suncheonbay.go.kr(순천만습지)
http://garden.sc.go.kr(순천만국가정원)

남원
전리선
광주
순천 진주 마산 부산
보성
경천선
목포 고흥 율촌 여수비행장
여수

쌤의 경험 나누기

우리 주변에서 흔히 듣지만 무심코 지나쳤던 풀벌레들의 울음소리,
여름 빗소리와 폭우 소리, 돼지의 울음 등 자연의 소리를 들어 보라.

자연의 위대함을 음악으로 표현한 연주곡을 들어 보자. 김영동의
〈봄비 소리〉와 알란 호바네스(Alan Hovhaness)의 〈미스터리한 산〉을 눈
을 감고 들어 보라.

'데이빗 크로스비(David Crosby)와 그라함 내시(Graham Nash)'의 음악
〈마지막 고래, 적정 고래 수 그리고 해풍에게〉와 데라의 음반 'Ocean'
에서 〈돌고래의 울음 소리〉를 들어 보라.

자연을 아주 절묘하게 표현한 시로는 마츠오 바쇼의 하이쿠가 있
다. 하이쿠는 계절과 관련한 시어가 반드시 들어가야 하는 아주 짧

은 형식의 일본 전통 시로, 자연을 아주 쉽게 느낄 수 있다. 〈새벽은 아직 봄 같은 보랏빛인데 소쩍새가 우네〉, 〈소쩍새 울음 왕대숲을 새어 드는 보름달 밤〉, 〈소쩍새 우는 소리 여울지며 누웠는가 밤물결 위에〉, 〈하루 또 하루 보리 누렇게 익어 가 우는 종다리〉, 〈해님의 길일레라 접시꽃 바라보고 섰네 오월 장맛비〉, 〈산길 넘어가다가 무엇일까 그윽해라 조그만 제비꽃〉 등 다수의 시가 있다. [35]

세상 사람들이나 사물을 잊은 채 자연의 도와 하나가 되는 경지에서 열리는 세계이다. 이런 경지에 이르면 노력하지 않아도 자연스럽게 친해지고, 모든 주변 사물들과 하나처럼 느껴진다. [36]

프랑스 화가 밀레(Jean Franois Millet, 1814 ~ 1875)는 농촌 풍경과 농민들의 소박한 모습을 즐겨 그렸다. 그림 속 시골 마을은 평화롭고 한적해 보인다.

음악과 시, 그림 및 사진을 보면서 자연은 우리에게 무엇을 가르쳐 주고 있는가? 자연에서 다양하게 되풀이되는 형상들과 패턴들에는 무엇이 있는가?

---

35) 마쓰오 바쇼, 요사 부손, 잇사 외 지음, 김향 옮김, 『하이쿠와 우키요에, 그리고 에도시절』(다빈치, 2006.), 마츠오 바쇼 저, 김정례 역, 『바쇼의 하이쿠 기행 1: 오쿠로 가는 작은 길』, 『바쇼의 하이쿠 기행 2: 산도화 흩날리는 삿갓은 누구인가』(바다출판사, 2008.).
36) 안희진, 『장자 21세기와 소통하다』(시그마북스, 2009), pp. 246-247.

장 프랑수아 밀레, '낮잠', 1866.

장 프랑수아 밀레, '감자 심는 사람들', 1861년경

전남 신안군 우이도 해변

카라나(Karana)는 12살 난 아메리카 인디언 소녀로서 캘리포니아 연안에 있는 섬에서 1835년부터 1853년까지 18년 동안 살았다. 그녀는 바다에서 먹을거리를 얻고, 수달로 만든 망토를 걸치고 살았으며, 바다코끼리를 만나고, 론투(Rontu)라 이름 붙인 들개와 절친한 친구가 되었다.[37] 여러분이 주말에 이 섬에서 홀로 지낸다면 어떨지 상상해 보라.

오늘날 강과 하천의 정화 문제, 쓰레기 재활용 문제, 무분별한 토지 활용과 개발, 미세먼지 등과 같은 문제에 대해서 여러분은 어떤 대안을 생각하고 있는가?

---

37) 스콧 오델, 김옥수 옮김, 『푸른 돌고래의 섬(Island of Blue Dolphins)』(우리교육, 1999.)은 실화를 바탕으로 한 소설이다.

• 순천만 습지 •

· 순천만 습지 ·

물에서 나온 새 –정채봉[38]

"어머니는 달을 베어 잡수신 꿈을 꾸고서 저를 낳았대요. 그래서 제 이름도 달반이에요." … "조금 전에 이 동네 아이들이 절 거지라고 놀리며 마구 때렸어요. 그래서 저는 어머니의 말씀을 생각해 내려고 이렇게 어머니 얼굴을 그리는 것이어요."(p.70) … "저기 물속을 보세요." "물속을? 물속은 왜?" "달이 떠 있잖아요. 늙은 소나무도 있고 물안개도 피어 있고요." … "아저씨, 새도 있어요." "새라니?" 아저씨는 연못 속을 찬찬히 살펴보았습니다.(p.74)

1. 작가가 『물에서 나온 새』라는 동화에서 표현하고자 한 것은 무엇인가요?

2. 동화 『오세암』은 엄마를 그리워하는 아이의 슬픔이 잘 표현되어 있는 동화입니다. 작가의 시 「엄마가 휴가를 나온다면」을 찾아보고, 동화 속 길손이가 그리는 엄마와 비교해 보세요.

「엄마가 휴가를 나온다면」	『오세암』에서 길손이가 그리는 엄마

---

38) 정채봉(1946~2001)은 순천 바닷가 마을에서 태어나 동국대학교 국어국문학과를 졸업하였다. 1973년 『동아일보』 신춘문예에 동화 『꽃다발』이 당선되었고, 기자, 편집부장, 기획실장, 동국대학교문예창작과 겸임교수(1998~2001) 등을 역임하였다. 주요 작품으로는 동화 『물에서 나온 새』, 『오세암』, 『초승달과 밤배』, 시집 《너를 생각하는 것이 나의 일생이었지》 등이 있다.

1. 풀벌레들의 울음소리, 갈대 소리, 여름 빗소리와 폭우 소리, 돼지의 울음소리, 새들의 소리 등을 듣고 생각나는 단어를 3개 이상 써 보세요.

2. 김영동의 대금 연주 〈봄비 소리〉와 알란 호바네스(Alan Hovhaness)의 〈미스터리한 산〉을 감상한 후 생각나는 단어를 5개 이상 써 보세요.

3. '데이빗 크로스비(David Crosby)와 그라함 내시(Graham Nash)'의 음악 〈마지막 고래, 적정 고래 수 그리고 해풍에게〉와 데라의 음반 'Ocean'에서 〈돌고래의 울음소리〉를 듣고, 생각나는 것을 한 문장으로 표현해 보세요.

4. 아래 사진을 보고 유사점을 찾아보세요.

• 2007년 뉴질랜드 자연 •

· 2007년 뉴질랜드 자연 ·

5. 우리가 흔히 '늪'이라 부르는 '습지'를 '생명의 소용돌이'라고 부르는데, 람사르 협약에서 제시한 습지의 조건은 무엇인가요?

6. 람사르 협약의 목적은 무엇이며, 순천만 습지의 가치를 환경적 가치와 사회경제적 가치로 나누어서 제시하세요.

7. 현재 순천만 주변 하천의 직강화로 인해 유속이 빨라져 퇴적물들이 빨리 퇴적하여 갯벌이 확장되고 있고, 순천만의 구하도 주변에 축사와 오폐수의 유입으로 부영양화 현상과 오염이 가속화되고 있다고 합니다. 이 문제의 해결 방안이 무엇인지 찾아보세요.

8. 현재 세계적으로 멸종 위기에 있는 동물들을 조사하고 이를 보호하기 위한 노력들로는 무엇이 있는지 찾아보세요.

9. 나무와 인간 사이에는 얼마나 많은 유사점이 있나요? 여러분이 알고 있는 유사점을 서술해 보세요. 수액과 혈액은 유사한가요? 인간의 등뼈와 물고기의 등뼈는 어떤 점에서 비슷한가요?

10. 강과 하천의 정화 문제, 쓰레기 재활용 문제, 무분별한 토지 활용과 개발 문제, 미세 먼지 문제에 대하여 조사해 보세요. 그리고 이러한 문제를 해결하기 위해 우리는 어떠한 노력을 해야 하는지 구체적인 실천 방안을 제시해 보세요.

11. 스코트 오델(Scott O'Dell)이 실화를 바탕으로 쓴『푸른 돌고래의 섬(Island of Blue Dolphins)』이라는 작품을 읽어 보세요.

카라나는 12살 난 아메리카 인디언 소녀로서 캘리포니아 연안에 있는 섬에서 18년 동안 살았다. 그녀는 바다에서 먹을거리를 얻고, 수달로 만든 망토를 걸치고 살았으며, 또한 바다코끼리를 만나고, 론투(Rontu)라 이름 붙인 들개와 절친한 친구가 된다.

1) 주말에 이 섬에서 홀로 지내는 모습을 떠올려 보세요. 카라나가 어떻게 지냈을지 상상해 보고, 그곳에서 어떻게 지냈을지 친구들과 이야기를 나눠 보세요.

2) 여러분이 카라나에게 묻고 싶은 것이 무엇인지, 질문거리를 5개 이상 써 보세요.

📱 다음 여행 구상하기

1. '순천만국가정원' 중에서 '세계정원, 테마정원, 참여정원' 한 곳을 선택하여 여행 계획을 세워 보세요.

• 순천만국가정원 •

2. 순천 여행 중 '순천역과 중앙시장이 있는 원도심 여행'과 '조례호수공원을 둘러싼 프렌차이즈 및 맛집 골목 여행' 중 하나를 선택하여 여행 계획을 세워 보세요.

3. '낙안읍성'에 가면 조선 시대에 와 있는 듯한 착각을 하게 됩니다. 그곳에는 조선 시대의 관아와 초가가 옛 모습 그대로 보존되어 있으며, 아직도 100여 가구가 전통 한옥에서 실제로 생활하고 있습니다. 전통 가옥의 종류와 특징, 그리고 문화적 가치에 대해 설명해 보세요.

낙안읍성

4. 송광사와 선암사에 다녀오는 여행 계획을 세워 보세요. 한국 불교인 교종과 선종의 특징에 관해 알아보고 의천과 지눌에 대해 비교 조사해 보세요.

송광사

선암사

1. 조계산의 선암사와 송광사

- **선암사:** 대각국사 의천에 의해 1092년 크게 중창된 사찰이다. 의
  천은 5개로 나뉘어 있던 교종을 천태종을 중심으로 통합하였다.
  또한 그는 교종을 중심으로 선종과의 통합을 강조하였다.

- **송광사:** 신라 말에 체징(體澄, 804-880)이 창건하여 길상사(吉祥寺)라 하였다. 그 후 보조국사 지눌이 이곳에서 기존의 타락한 불교계를 비판하며 정혜결사(定慧結社) 운동을 전개하였다. 그는 선종을 중심으로 교종과의 통합을 강조하였다.

2. 람사협약과 습지의 조건[39] 및 습지의 가치

- **람사협약과 및 습지의 가치**

우리나라는 1997년 7월 28일 101번째로 람사협약에 가입했고, 순천만은 2006년 1월 20일에 연안습지로는 전국 최초로 이 협약에 등록되었다. 현재까지 117개국, 1,011개소, 전체 면적 약 71,800,000㏊의 습지가 리스트에 올라 있다.

- **습지의 조건[40]**

람사협약에서 정의한 습지는 물이 주변 환경 및 그와 관련된 동식물을 조절하는 주요한 요인이 되는 지역으로, 지하수면이 육지 표면 위로 표출되거나 가까이 있어 대개 땅이 얕은 물로 덮여 있는 곳을 의미한다.

	조건
습지의 위치	육상과 수생의 전이지대
습지 생물의 유지 조건	습지 생물의 생존이 유지될 수 있을 정도로 일시적·영구적으로 물이 고여 있는 곳

---

39) 출처: 순천만 생태 http://www.suncheonbay.go.kr/?c=2/25/30/201
40) 출처: 순천만 생태 http://www.suncheonbay.go.kr/?c=2/25/30/201

수분 조건	물이 배수되지 않고 포화되어 있는 토양
토양 조건	지하수면이 지표면 가까이 또는 위에 있는 위치
서식 생물의 조건	습지의 특이한 조건에 적응된 습지만의 독특한 생물상 보유

• 습지의 가치[41]

습지의 환경적 가치	습지의 사회적 경제적 가치
어류의 산란장	홍수 조절
패류의 서식지	해상재해 방지
물새 및 야생동물의 서식지	해안 침식 조절
수질 보전 기능	지하수 양의 조절 및 재공급
(오염물질여과, 토사 제거,	목재 및 천연 자원 공급
산소 생산영양염류 순환)	가축의 먹이 제공
수중 생산력 향상	심미적 가치
미세 기후 조절	교육 및 과학 조사
	문화적 자산
	고고학적 자산

3. 참고할 만한 자료

• 김종엽 역, 『노자 도덕경』, 가온미디어, 2007.

• 류시화 편역, 『한 줄도 너무 길다』, 이레, 2000.

• 마츠오 바쇼, 김정례 역, 『바쇼의 하이쿠 기행 1 : 오쿠로 가는 작은 길』, 바다출판사, 2008.

• 베네딕트 데 스피노자, 조현진 역, 『에티카』, 책세상, 2006.

---

41) 출처: 순천만 생태 http://www.suncheonbay.go.kr/?c=2/25/30/115

- 스콧 오델, 김옥수 옮김, 『푸른 돌고래 섬』, 우리교육, 1999.
- 〈음반〉 데이빗 그리스만(David Grisman) 오중주단의 도그네이션 (Dawgnation).
- 〈음반〉 데이빗 크로스비(David Crosby)와 그라함 내시(Graham Nash) 의 마지막 고래'.
- 〈음반〉 알란 호바네스(Alan Hovhaness)의 그리고 신은 위대한 고래 를 창조하셨다.
- 〈음반〉 알란 호바네스(Alan Hovhaness)의 미스터리한 산, 사막의 편 지, 세인트 헬렌 산(mount St. Helens).
- 〈음반〉 Ocean, 돌고래의 울음.
- 〈그림〉 밀레(Jean Franois Millet, 1814 ~ 1875)의 그림들.

5. 이백만 년의 시간 고수동굴

👀 여행지 살펴보기

'자연'이라는 개념의 의미를 정의해 보라고 한다면 여러분은 어떻게 대답할까? 어떤 사람들은 현재 우리가 있는 것이라고 말하기도 하고, 또 어떤 사람들은 인간이 만들지 않은 모든 것이며, 인간도 자연의 일 부라고 말할 것이다. 또 다른 사람들은 인간이 만들어 낸 것도 결국은 자연적인 것이라고 말할 것이다.

우리들 자신이 자연적일 수 있고 또 변할 수 있으며 '세상을 보다 나은 방향으로 바꿀 수 있다'는 것을 흥미롭게 생각한다. 여러분은 '자연이 우리의 일부인 동시에 우리가 자연의 일부'라고 하는 것에 얼마만큼 동의하는가? 어쩌면 자연을 정의 내리기가 어려운 것 같지 않은가? 그러면서도 마음속 한편에 자연에 대한 정의를 내리려고 시도하고 있지는 않은지 생각해 보라.

어떤 철학자는 자연이 있는 그대로의 세계(the world as it is)라고 말해 준다. 자연적인 것은 있는 그대로의 것일 따름이라고 말해 주는 것이다.

여러 가지 생각 속에 빠져 있거나 일상생활에 힘들고 지칠 때 우리는 자연을 체험하거나 느끼기 위해 여행을 떠나 본다. 여행을 통해 인간이 발견하고 발명해 낸 것들을 보면서 무엇인가 가치 있는 것이 없어졌다고 느끼는 경우도 있을 것이다. 우리가 보다 단순한 삶으로 되돌아갈 수 있는지 궁금해하면서 앞으로 어떻게 살아야 하는지 반문해 볼 수도 있다.

자연 세계를 숭배한다는 점으로 공통적인 견해를 지닌 대표적인 철학자로는 노자와 스피노자가 있다. 코브라와 코요테의 속에 무한한 변화를 담고 있는 하나의 완전한 전체를 자연이라고 보는 점에서 노자의 통찰과 스피노자의 이성은 일치한다. 인간은 이러한 변화의 일부이다. 인간은 세상의 일부이다. 우리가 그곳에서 살고 있기 때문이다.

고대 중국의 노자는 자연의 멋진 균형과 조화에 관해 쓴 그의 저작들에서 자신이 지구를 떠날 수 없었다는 경험을 분명하게 서술하였다. 17세기 암스테르담에서 안경 렌즈를 갈아 주며 살았던 철학자 스피노자는 자연 전체의 복잡한 디자인에 대해 심도 있는 분석을 하였다. 관점은 전혀 달랐지만 그들 모두는 자연의 광대함을 바라보면서 경외심을 느꼈다. 노자와 스피노자는 모두 우리 인간이 장려한 자연의 일부가 될 때에만 평화롭고 행복할 수 있다고 보았다.

동굴 여행을 통해 두 철학자의 관점에서 자연을 바라본다. 그렇게 자연은 수억 년 또는 수만 년을 그렇게 버티어 이렇게 웅장한 결과물을 우리 앞에 보여 주고 있다.

🧭 정보 및 위치

천연기념물 제256호인 고수동굴(古藪洞窟)은 규모가 주굴 길이 600m, 지굴 길이 700m, 총연장 1,300m, 수직 높이 5m이다. 특히 상층부의 대광장에는 길이 10m의 대종유석이 존재하며, 다수의 기암괴석들 중 가장 눈에 띄는 것은 사자바위이다. 또한 고수귀뚜라미붙이를 비롯하여 옆새우, 톡톡히, 노래기, 진드기, 박쥐, 딱정벌레 등 수십 종의 생물이 동굴 안 곳곳에서 살아가고 있다.

석회암 동굴은 오랜 시간 석회암이 물에 녹아 만들어진 동굴로 다양한 생성물 등이 존재한다. 천장이나 벽면으로 떨어지는 물로 형성되는 것은 종유관, 종유석, 석순, 석주, 커튼, 동굴진주 등이다. 물을 먹으면서 위로 자라는 것은 석순, 떨어지는 물을 따라 아래로 자라는 것은 종유석[42], 흐르는 물로 형성되는 것은 유석(流石)이다. 그리고 벽면에서 스며 나오는 물로 형성되는 것으로는 곡석, 석화, 동굴산호, 월유, 동굴풍선, 동굴기포 등이 있다. 우리나라 대표적 석회암 동굴은 충북 단양군의 고수동굴, 강원도 영월군의 고씨동굴, 삼척시 대이리의 환선굴과 대금굴, 경북 울진시의 성류굴 등이다.

---

42) 종유석(stalactite, 鍾乳石)은 동굴의 천장에 고드름처럼 매달린 원추형의 광물질이며, 석순(stalagmite, 石筍)은 동굴 천장에서 떨어지는 물방울에 들어 있던 석회질이 동굴 바닥에 쌓여 원주형으로 위로 자란 돌출물을 지칭한다.

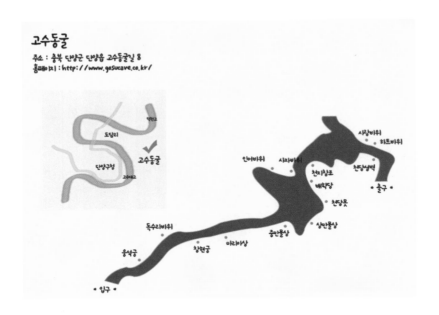

고수동굴
주소 : 충북 단양군 단양읍 고수동굴길 8
홈페이지 : http://www.gosucave.co.kr/

도담2
도담리
단양구청
2대2
✓ 고수동굴

사랑바위
하트바위
인어바위   시자바위
천의창조   천동낭떨
배락당
⟶ 출구
천당못
독수리바위   상만봉상
용석궁   창현궁   아라산   음만봉상
• 입구 •

    1990년 어느 여름에 난생처음 따라나선 동굴 탐방은 신비 그 자체였다. 한번 들어가면 되돌아올 수 없기 때문에 약간의 폐소 공포증을 경험하기도 했지만 동굴의 경관을 보고 이내 걱정이 사라졌다. 천장에서 밑으로 향해 있는 돌기둥과 고드름을 연상케 하는 모양들, 석회암과 물이 만나 어우러지는 장관들이었다. 우리나라 동굴은 크게 해식동굴, 용암동굴, 석회암 동굴로 분류된다.[43] 고수 동굴은 석회암 동굴로 종유석과 석순, 석주 등이 존재했으며, 제주도의 만장굴과 다른 형태의 동굴이었다. 삐걱거리는 계단과 많은 탐방객들 때문에 동

---

43) 해식 동굴은 파도에 의해 형성되며, 화산 활동에 의해 만들어진 것은 용암 동굴이다. 석회암 동굴은 석회암 지대에서 물의 침식 작용에 의해 만들어진다.

굴 내부가 잘 보존될 수 있을까라는 걱정이 잠시 밀려왔다. 동굴 탐방을 끝내고 동굴이 어떻게 만들어졌는지 동굴의 생성과 역사 그리고 발견 시기에 대해서 궁금해졌다.

석회암 동굴 중 가장 아름다운 곳은 삼척의 관음굴이며 훼손을 우려해 일반에 공개하지 않고 있다. 관음굴은 화려한 경관과 세계적으로 희귀한 동물이 많이 살고 있어서 길이 보전해야 한다고 한다. 개방된 곳 중에서 가장 아름다운 경관을 자랑하는 곳이 고수동굴이다.

충북 단양군 단양읍 고수리에 위치한 고수동굴의 정식 명칭은 고수리 동굴이다. 15만 년 전 석회암지대에 형성된 동굴로, 소백산 줄기의 고수봉 자락에 형성된 전체 길이 5.4㎞의 굴이다. 동굴 입구 부근에서 선사 시대의 유물인 마제석기와 타제석기가 출토되었다.

석회암 동굴 천장에서 물방울이 떨어져 내려 오랜 세월 침전물이 쌓이면서 굳어져 만들어지는 것 중에, 천장에 매달린 것을 '유석' 또는 '종유석', 바닥에서 솟아오른 것을 '석순', 종유석과 석순이 만나 이룬 기둥을 '석주'라고 부른다. 아름드리 형태를 띠는 종유석과 석순들, 동굴 벽 폭포수 형태의 커튼형 유석 등 다양한 형태의 종유석들이 빽빽하다. 아라고나이트의 광물로 이루어진 석화도 발견되었으며, 생물서식에 유리한 동굴류(洞窟流)가 흘러 동굴곤충 및 박쥐 등 다양한 동굴 생물상을 볼 수 있다.

동굴 탐험을 통해 "우리가 진보하면서 잊고 있는 것이 무엇인가? 우리는 어떤 일을 저질렀는가? 우리가 하고 있는 일은 무엇인가? 그리고 우리가 해야 할 일은 무엇인가?"를 생각해 볼 수 있어야 할 것이다.

📷 사진 자료

· 고수동굴 내부 ·

• 고수동굴 내부 •

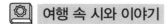 **여행 속 시와 이야기**

이황

碧水丹山界(벽수단산계) 푸른 물은 단양의 경계를 이루고
淸風明月樓(청풍명월루) 청풍에는 명월루가 있다.
仙人不可待(선인불가대) 선인은 어찌 기다리지 않고
怊悵獨歸舟(초창독귀주) 섭섭하게 홀로 배만 돌아오는가!

1. 위 시는 퇴계 이황이 구담봉[44]의 장관을 표현한 것이라고 합니다. 그가 말하고자 한 것은 무엇일까요?

2. 퇴계 이황이 단양에서 이룬 업적이 무엇인지 찾아보세요.

경험 성찰하기

1. 동굴에 형성된 암석의 종류를 형성 과정에 따라 구분해 보세요.

2. 동굴 탐험을 위해 유의해야 할 점은 무엇인가요? 그러한 유의 사항을 지켜야 하는 이유는 무엇인가요?

3. 석회암 지형의 형성 조건에 대해 조사하여 고수 동굴 여행 계획

---

44) 구담봉은 기암절벽 모양이 거북이를 닮았다 하여 구봉이라 하고, 물속에 비친 바위가 거북무늬를 띠고 있어 구담이라 했다.

을 세워 보세요.

4. 고수동굴은 1973년 동굴 속과 입구 부근에서 뗀석기가 발견되어 선사 시대에 주거지로 이용되어 왔음이 밝혀졌습니다. 선사 시대 부족들의 생활상에 대해 조사해 보세요.

5. 동굴 안의 종유석, 석순, 돌기둥, 유석(流石), 곡석(曲石), 석화(石花), 동굴산호, 동굴진주, 동굴선반, 천연교(天然橋), 천장용식구(天障溶蝕溝), 아라고나이트[霰石] 등의 형성 과정에 대해 조사해 보세요.

6. 석회암 지대의 카르스트 지형에 대해 조사해 보세요.
① 돌리네:
② 우발라:
③ 폴리예:
④ 라피에:

📱 다음 여행 구상하기

1. 단양 팔경이 무엇인지 찾아보고 여행 계획을 세워 보세요.
가. 이동 경로를 파악하고 시간을 계산하여 여행 계획을 세워 보세요.
나. 단양팔경을 노래한 시를 찾아보세요.

2. 단양에 위치한 동굴 '천동 동굴, 온달 동굴, 수직굴 동굴, 일광

굴 동굴' 중 한 곳을 선택하여 여행 계획을 세워 보세요.

3. 아래 동굴들의 형성 과정과 특징을 조사해 보세요. 이 중 한 곳을 선택하여 예행 계획을 세워 보세요.
  - 광명동굴, 만장굴, 환선굴, 화암동굴, 천곡동굴, 대금굴, 김녕사굴, 천동굴, 백룡동굴 등

4. 관음굴은 석회암 동굴 중 가장 아름다운 곳이라고 합니다. 훼손을 우려해 일반에 공개하지 않고 있는데, 훼손하지 않고 개방할 수 있는 방법이 있을까요? 있다면 어떠한 방법으로 개방할 수 있을까요? 보존 또는 개발에 관한 여러분의 생각을 모아 모둠별로 토론해 보세요.

📖 학습 자료

1. 동굴의 종류
- **용암동굴**: 용암이 흐르면서 굳어져 현무암의 겉 표피를 만들고, 흐르던 용암이 빠져나간 지하의 빈 공간에 만들어진 동굴로, 제주도 만장굴, 빌레못동굴, 협재굴, 재암천굴, 소천굴, 와흘굴 등이 대표적이다.
- **석회동굴**: 석회암 지대에서 절리면이나 파쇄대를 따라 지하로 스며드는 빗물이나 지하수에 의한 용식작용으로 생긴 석회암 동굴이다. 흔히 '카르스트 지형', 혹은 '카르스트 작용'에 의한 산물이라고 한다.

- **해식동굴:** 파도의 공격이 심한 암석해안에서 만들어지는데, 파도가 약한 암석 부분에 만들어진 공간으로, 제주시 우도의 '주간명월'이 대표적이다.
- **절리동굴:** 암석의 절리(節理)면을 따라 풍화작용에 의해 만들어진 동굴로, 경기도 소요산의 금송굴(金未窟), 경북 청송군 주왕굴(周王窟) 등이 대표적이다.
- **하식동굴:** 하천의 차별침식에 의해 공격사면 쪽으로 만들어지는 동굴을 말하는데 일본에서는 후네가쿠시('배 감출 곳')로, 한국에서는 배나드리란 이름으로 불린다.
- **암염동굴:** 소금동굴이라고도 하는데 암염이라는 광물로 이루어진 퇴적층 내에 형성된 동굴이다. 내부에는 염종유석과 염석순, 염석주, 염설구 등이 생성된다. 이스라엘 소돔(Sodom)산지의 ICING동굴이 대표적이다.
- **석고동굴:** 석고로 된 암석층에 만들어지며 빗물이나 지하수에 잘 녹기 때문에 석고층이 있는 곳에 생기는 동굴이다. 지중해나 우크라이나, 미국 등지에서 볼 수 있으며 러시아 오르다 동굴이 대표적이다.
- **백악동굴:** 영국 중남부에서 프랑스 북부에 걸쳐 있는 중생대 백악기에 형성된 탄산염 암석인 백악층에서는 카르스트 현상이 미약하게 나타나면서 생기는 동굴이다.
- **풍식동굴:** 건조한 사막의 경우 주된 영력이 바람이므로 버섯바위와 더불어 풍식동굴이 발달하는데, 전북 진안군 마이산(686)이며 대표적이며, 이곳에는 타포니(tafoni)와 비슷한 풍식혈이 무수히

발달되어 있다.

- **기수동굴**: 조수간만의 영향을 받아 생기는 동굴로, 대서양 버뮤
다 선신세의 산호초석회암으로 된 동굴들이 발달되어 있다.

- **기타 동굴**: 인간이 광산개발 중 우연히 발견하거나 사람이 함께
만든 동굴로 강원도 정선군 화암굴과 동해시 옥계면 서대굴 등이
있다. [45]

- 참고문헌

　−우경식, 『동굴: 물과 시간이 빚어낸 신비의 세계』(지성사, 2002)

　−석동일, 『동굴의 비밀』(예림당, 2002).

2. 카르스트 대표 지형

- **돌리네(Doline)**: 석회암 지대에서 지표면이 원형 또는 타원형으로
움푹 파인 지형을 말한다. 우리나라의 돌리네는 강원도 삼척시,
정선군, 평창군을 비롯하여 충북 단양군 등지에 집중적으로 형성
되어 있으며, 농경지, 즉 밭으로 이용된다.

- **용식 돌리네**: 토양층 밑을 형성하고 있는 석회암이 물의 화학 작
용으로 용해되면서 서서히 파인 것이다.

- **돌리네호**: 돌리네 중앙의 배수구가 점토로 막히면 물이 빠져나가
지 못해서 형성된 호수이다.

- **함몰 돌리네**: 지하에 형성된 빈 곳으로 지표가 꺼져 내리면서 생
긴 것이다. 대개 지름은 10~1,000m, 깊이는 2~100m이다.

---

45) 네이버 지식백과, https://terms.naver.com/entry.nhn?docId=1642106&cid=60250&categ
　oryId=60250&expCategoryId=60250

- **우발레:** 돌리네가 결합된 복합 돌리네로, 몇 개의 돌리네에서 용식이 진전됨에 따라 움푹 팬 지형이다.[46]
- **폴리예:** '농사짓는 들판'이라는 뜻으로, 용식 작용과 구조 운동이 함께 일어나 생긴 분지 지형으로 우리나라는 삼척시 노곡면 여삼리에 있다.
- **라피에:** 돌리네의 오목 지형과 반대되는 개념인 볼록 지형으로, 즉 용식에 저항해서 끝까지 남아 있는 볼록 지형을 말한다. 석회암 가운데에는 경사가 진 면에 붉은색 흙인 테라로사가 무한히 덮여 있다.

3. 고씨동굴
- **장소:** 강원 영월군 하동면 진별리 산262
- **생성시기:** 약 4~5억 년 전
- **특징:** 임진왜란 때 고씨 일가족이 이곳에 숨어 난을 피하였다고 전해지며, 총 길이가 3㎞ 정도인 석회암 동굴이다. 규모에 비해 희귀한 생물들이 많이 서식하고 있어 천연기념물 제219호로 지정하여 보호하고 있다.

4. 성류동굴
- **장소:** 경북 울진군 근남면 구산리 산 30
- **생성시기:** 약 2억 5천만 년 전

---

46) 삼척시 근덕면 노곡동에 실제로 우발레가 있으면서 마을 이름이 우발리인 곳이 있다. 돌리네를 단양에서는 못밭[지전(池田)], 삼척시에서는 움밭[구전(溝田)]이라고 부른다.

• **특징**: 성류굴은 천연기념물 제155호로, '신선들이 한가로이 놀던 곳'이라는 의미의 선유굴이라 하였다. 임진왜란 때 불상들을 굴 안에 피신시키기도 하여 성스런 부처가 머물던 곳이라는 뜻의 성류굴이라고 부르게 되었다. 석회암으로 구성되어 있으며 길이는 500m 정도로 동굴 생성물들이 매우 화려하고 다양하게 분포되어 있어 지질학적 연구 가치가 높아 천연기념물로 보호하고 있다.

5. 삼척 환선굴과 대금굴
• **장소**: 강원도 삼척시 신기면 환선로 800
• **생성시기**: 약 5억 3천만 년 전
• **특징**: 환선굴, 대금굴, 관음굴을 비롯한 고생대의 동굴이 산재하여 천연기념물 제178호로 지정된 대이리 동굴지대에 있다. 관람이 불가능한 관음굴은 발견 즉시 영구 보존을 목적으로 개방하지 않고 있다. 대금굴은 동굴 보존을 위해 1일 관광객을 제한하고 있다. 대금굴의 특징은 우리나라 동굴 중에서 동굴에 물이 가장 많이 흐른다는 점이다. 또한 동굴 생성물이 살아 숨 쉬며 최고의 보존 상태를 유지하고 있다.

6. 단양팔경(丹陽八景)**47)**: 충북 단양군을 중심으로 주위 12㎞ 내외 명승지
• **하선암**(下仙岩): 단양 남쪽 4㎞ 지점인 단성면 대잠리에 위치한 3층의 넓은 바위, 봄에는 철쭉꽃, 가을에는 단풍이 절경이다.

---

47) 네이버 지식백과 수정 인용, https://terms.naver.com/entry.nhn?docId=1079715&cid=40942&categoryId=37154

- **중선암**(中仙岩): 단양 남쪽 10㎞의 단성면 가산리에 위치, 흰색의 바위가 층층대를 이루고 있으며, 쌍룡폭포라고도 한다.
- **상선암**(上仙岩): 단양 남쪽 12㎞ 지점의 가산리에 위치, 중선암에서 약 2㎞ 올라가면 벽과 반석 사이로 흐르는 계곡의 물이 폭포를 이루고 있다.
- **사인암**(舍人岩): 단양 남쪽 8㎞ 지점인 대강면 사인암리에 있으며, 덕절산(780m) 줄기에 깎아지른 강변을 따라 치솟아 있다.
- **구담봉**(龜潭峰): 단양 서쪽 8㎞ 지점인 단성면 장회리에 위치, 기암괴석의 형상이 거북이를 닮았다 하여 구봉(龜峰)이라고도 하였다.
- **옥순봉**(玉筍峰): 단양 서쪽 9㎞ 지점의 장회리에 위치, 예로부터 소금강(小金剛)이라 불렀다. 1549년 단양 현감으로 부임한 퇴계 이황이 석벽에 '단양동문(丹陽同門)'이라 새겼다.
- **도담삼봉**(嶋潭三峰): 단양 북쪽 12㎞ 지점의 단양읍 도담리에 위치, 세 봉우리 가운데 남쪽 봉우리는 첩봉(妾峰) 또는 팔봉이라 하고, 북쪽 봉우리는 처봉(妻峰) 또는 아들봉이라고 한다. 조선의 정도전이 이곳을 본떠 자신의 호를 삼봉이라고 지었다고 한다.

- **석문**(石門): 단양 북쪽 12㎞ 지점의 도담삼봉 하류에 있으며, 남한
  강변에 돌기둥이 좌우로 마주 보고 서 있는 위에 돌다리가 걸려
  있다.

6. 갯깍 주상절리대와 용머리해안

 **여행지 살펴보기**

1989년 제주도를 처음 방문했을 때 방문한 곳은 중문의 어느 바닷가였다. 바위들이 해안선을 따라 육각형인 듯 보이는 돌기둥이 병풍처럼 둘러쳐져 있었다. 수많은 세월 어떻게 저런 모양으로 만들어지게 되었을까 하는 궁금증이 생기는 동시에, 지리 교과서에서 배웠던 것들을 직접 확인하니 감회가 새로웠다. 내친김에 '갯깍주상절리'도 확인해 보고 싶었다. '갯깍'은 '바다 끝머리'라는 제주 방언으로 대포해안의 돌기둥이 중문 해안선까지 이어져 있는 곳이다. 총 1.75㎞에 이르는 돌기둥 절벽을 보면, 이 길이야말로 '놀멍 쉬멍 걸으멍 고치 가는 길'(놀면서 쉬면서 걸으면서 함께 가는 길이라는 뜻의 제주도 방언)이리라. 주상절리 앞 해변에는 둥근 모양의 조약돌이 펼쳐져 있어서 넋을 놓고 걷다 보면 종종 머리 위로 낙석이 떨어지기도 한다.

　해안가를 따라 걷다 보면 집집마다 오징어를 말리는 풍경에 잠시 길을 멈춘다. 새벽부터 부지런히 움직였을 어부의 손길이 무척 존경 스럽다.

　다시 길을 재촉하다가 우연히 바다를 바라보니 20m 정도 높이로 솟 아난 형상의 돌기둥이 보였는데, 이 기둥이 '외돌개'다. 여기에는 안 타까운 전설이 담겨 있었다. 고기잡이를 나간 할아버지를 애타게 기 다리다 돌이 된 할머니의 이야기였다. 이 돌기둥은 주변의 암석이 파 도에 의해 침식되고 그렇게 강한 암석만 남아 굴뚝 형태로 남아 있었 으며, 꼭대기에는 소나무들이 자라고 있었다.

　제주도는 화산지형으로 지질학적으로나 문화적으로 많은 볼거리가 있어 매년 방문해도 또 가고 싶은 곳이다. 특히 주상절리(대포동지삿개) 는 세계지질공원으로 지정된 제주도 화산지형 중 하나이다. 더불어 제주도의 정방폭포, 천제연폭포, 강원도 철원의 직탕폭포, 경기도 연 천의 재인폭포, 포천의 비둘기낭폭포, 울릉도 남양동의 국수바위 등 이 주상절리의 대표적인 예이다.

제주 정방폭포　　　　　　　　　　　　　　연천 재인 폭포

　　산방산 자락에서 해안가로 이어진 곳에 위치한 용머리 해안은 수천
만 년 동안 한 층 한 층 쌓여 만들어진 암벽이 파도에 파여 절경을 이
루고 있다. 용머리 해안은 용의 머리가 바닷속으로 들어가는 형상을
하고 있는 것처럼 보인다.

　　해안을 걷다 보면 좌판을 깔고 갓 잡은 해산물을 파는 해녀들의 모
습이 정겹다. 해녀 근처를 서성이는 친구에게 "혼저옵서(어서 오세요)."
라고 한다. 친구가 "같이 왔어요."라고 하자, 해녀들이 웃는다. 한 접
시 썰어 달라고 청하는 친구에게 "호꼼만 이십서게(조금만 계십시오)."라
고 한다.

용머리해안 전경　　　　　　　　　　　　　용머리해안 전경

　1996년에 3개월 동안 제주도에 살아 본 나에게 제주도 사투리는 재미있고도 어려웠지만 언제나 정겨운 방언이다. 해산물 한 접시에 기분이 한껏 풍요로워졌다.

　다시 해안을 돌다 보니, 파도에 부딪혀 움푹 파인 웅덩이에 갇혀 버린 물고기와 그 속에서 평온하게 자리 잡은 바다 생물들이 숨 쉬고 있다.

　높이 형성된 암벽에는 파도의 흔적이 남아 있어 장엄한 경관을 연출한다. 길게 뻗은 절벽은 굽이치듯 이어져 있다.

　용머리 해안 입구에는 조선에서 13년 동안 억류되었다가 네덜란드로 돌아간 하멜의 표류 기념비가 있다.

🧭 정보 및 위치

주상절리(柱狀節理, columnar jointing)란 용암이 흘러나오면서 급격히 식을 때 수축하면서 4~6각형 돌기둥 형태로 갈라지는 수직 절리를 말한다. 우리나라 최대 규모인 중문·대포해안 주상절리대(대포동지삿개)는 높이가 30~40m, 폭이 약 1㎞ 정도이며, 천연기념물 제443호로 지정돼 있다. 그 외 광주 무등산 주상절리대(제465호), 경상북도 포항 주상절리(제415호), 울산광역시 북구 해안의 강동화암 주상절리(시지정기념물 제42호)가 있다.

용머리해안은 분화 시 마그마가 외부의 물과 접촉하여 강력한 폭발을 일으킴으로써 만들어진 하이드로볼케이노(hydrovolcano)의 암석해안으로, 천연기념물 제526호로 지정되었다. 용머리해안에는 길이 700m, 높이 25~40m의 해식애가 발달했고, 한쪽으로는 평탄한 파식대가 발달하였다.

제주도 관광지에서 기념품을 구경하다 보면 몽돌 모양의 현무암을 많이 파는데, 용도를 물어보자 발뒤꿈치 각질 제거용이라고 한다. 제주도 어디를 가나 구멍이 숭숭 뚫린 현무암을 많이 볼 수 있을 것이다. 오랜 세월 동안 화산 활동으로 흘러나온 용암은 차가운 공기나 물을 만나 식으면서 지금의 제주도를 대표하는 돌이 되었다.

대포동 '주상절리'는 기둥 모양의 수직으로 된 절리이다. 마그마나 용암이 식으면서 틈이 생기고, 오랜 시간 동안 비바람에 의해 갈라지면서 굵은 틈이 나타나는데, 이런 틈을 '절리'라고 한다. 제주도 주상절리는 높이가 30~40m, 폭이 약 1㎞ 정도로 우리나라 최대 규모로서 주로 현무암질 용암류에 나타나는 4~6각형 모양의 기둥이다.

푸른 바닷가에 때로는 폭풍우와 파도에 맞서 병풍처럼 꿋꿋이 서 있는 검붉은 육모꼴의 돌기둥을 보고 있노라면 자연의 위대함에 절로 감탄한다. 그 옛날 지각 변동과 오랜 세월 풍화 작용으로 이루어진 주상절리대를 보고 있노라면, 수많은 애달픈 사연들이 떠오르기도 한다.

산방산 해안에 위치한 '용머리해안'은 바닷속으로 들어가는 용의 머리를 닮았다 하여 붙여진 이름인데, 통로를 따라 바닷가로 내려가면 암벽이 나온다. 오랜 세월 층층이 쌓여 만들어진 사암층으로 수평층리, 풍화혈, 돌개구멍, 해식동굴 등[48]을 볼 수 있다. 또한 해안 오른쪽에는 반원형으로 부드러운 검은 모래사장이 펼쳐져 있어 경관이 매우 아름답다.

그러나 요즘의 제주도는 그 옛날의 제주가 아닌 듯 보인다. 1990년도 제주도는 청정 지역 그 자체였다. 그 시절에 방문했던 용머리해안과 2018년도에 갔던 용머리해안은 같지만 달랐다. 많이 훼손되어 있었고, 절벽 위 사암층이 갈라져 낙석이 떨어질 수 있어서 안전모를 쓰고 가야 하며, 통제 구간도 생겨났다. 해안 곳곳에 버려진 쓰레기와 파도 위에 떠밀려오는 플라스틱 쓰레기 등이 오늘날 제주도의 현실이다. 이제는 제주 바다와 기암괴석보다 가장 먼저 눈에 들어오는 것은 여기저기 버려진 플라스틱 쓰레기들이다.

올레길을 걷다 보면 돌담들 사이로 꽂혀 있는 페트병, 해안가에 수북이 쌓여 있는 일회용 쓰레기들 속에 돌하르방도 페트병을 물고 있을 지경이다.

---

48) 수평층리: 수평으로 쌓여 있는 퇴적층, 풍화혈: 풍화작용으로 암석의 표면에 형성되는 요형(凹型)의 구멍, 돌개구멍: 암반의 오목한 곳이나 깨진 곳에 와류가 생기면, 그 에너지로 만들어진 원통형의 깊은 구멍, 해식애: 파도의 침식 작용과 풍화 작용에 의해 해안에 생긴 낭떠러지, 파식대: 암석해안에서 육지의 기반암이 파식을 받아 후퇴할 때, 해식애 밑에 형성되는 평평한 침식면, 해식동굴: 해안가의 암석의 약한 부분이 파도, 조류, 연안수 등의 침식 작용에 의해 만들어진 동굴

갯깍 주상절리대

신이 다듬은 듯 하늘로 뻗은 돌기둥 해안이 갯깍 주상절리대
이다.

주상절리(柱狀節里)란 주로 현무암질 용암류에 나타나는
기둥모양의 수직절리로 용암이 급격히 식으면서 발생하는 수축
작용의 결과로서 형성된다. 이 일대는 신생대 제4기의 빙하성
해수면 변동을 연구하는데 중요한 학술자원으로 1.75km에
이르는 해안에 걸쳐 높이가 다른 사각형, 또는 육각형 돌기둥
이 깎아지른 절벽을 이루고 있으며 국내 최대 규모를 자랑한다.

대포해안의 주상절리가 탐방로를 따라 멀리서 바라만 봐야
하는 아쉬움을 남기는 반면 갯깍 주상절리대는 몽돌 가득한
해안을 따라 제주 남단의 푸른 바다를 감상하며 가까이 다가갈
수 있는 매력을 지닌 곳이다.

수십여 미터 높이의 깎아 지르는 절벽처럼 길게 솟은 주상절리
위로 푸른 숲을 얹은 모습과 흘러오는 예래천을 따라 청정함을
자랑하는 반딧불이 보호구역과 연결되는 이 해안 주상절리는
숨은 아름다움을 간직하고 있다.

※ 갯깍주변 자연자원: 중문·색달해변,
　갯깍주상절리대, 들렁궤, 논짓물, 용문덕,
　큰코지, 하예동포구

· 중문 대포 주상절리대 ·

• 용머리해안 •

제주도 푸른 밤
−작사 · 작곡 · 노래 최성원[49]

떠나요 둘이서 모든 걸 훌훌 버리고
제주도 푸른 밤 그 별빛 아래
이제는 더 이상 얽매이긴 우린 싫어요
신문에 TV에 월급봉투에
아파트 담벼락보다는
바달 볼 수 있는 창문이 좋아요
낑깡밭 일구고 감귤도
우리들이 가꿔 봐요
정말로 그대가 외롭다고 느껴진다면
떠나요 제주도 푸른 밤하늘 아래로

떠나요 둘이서 힘들 게 별로 없어요
제주도 푸른 밤 그 별 아래
그동안 우리는 오랫동안 지쳤잖아요
술집에 카페에 많은 사람에
도시의 침묵보다는
바다의 속삭임이 좋아요
신혼부부 밀려와
똑같은 사진 찍기 구경하며
정말로 그대가
재미없다고 느껴진다면
떠나요 제주도 푸르메가
살고 있는 곳

바람의 집
−이종형[50]

당신은 물었다
봄이 주춤 뒷걸음치는 이 바람
어디서 오는 거냐고 나는 대답하지 못했다

4월의 섬 바람은 수의 없이 죽은 사내들과
관에 묻히지 못한 아내들과
집으로 돌아가는 길을 잃은
아이의 울음 같은 것

밟고 선 땅 아래가 죽은 자의 무덤인 줄
봄맞이하러 온 당신은 몰랐겠으나
돌담 아래 제 몸의 피 다 쏟은 채
모가지 뚝뚝 부러진 동백꽃 주검을 당신은
보지 못했겠으나

섬은 오래전부터 통풍을 앓아 온 환자처럼
살갗을 쓰다듬는 손길에도
화들짝 놀라 비명을 질러댔던 것

4월의 섬 바람은
뼛속으로 스며드는 게 아니라
뼛속으로 시작되는 것

그러므로 당신이 서 있는 자리가
바람의 집이었던 것

---

49) 최성원(崔聖園, 1954년~)은 한국의 포크 록 가수이자 싱어송라이터, 음반 프로듀서 겸 디렉터이다. 록
밴드 들국화의 베이시스트로 유명하다.
50) 제주 출생으로 2004년 『제주작가』로 작품 활동 시작했다. 시집으로는 『꽃보다 먼저 다녀간 이름들』(삶이
보이는창, 2017)이 있으며 바람의 집은 이곳에 실려 있다.

1. 위 노래 〈제주도 푸른 밤〉을 통해 가수가 표현하고자 한 이야기는 무엇일까요?

2. 위 노래는 가수가 정방폭포에서 보름간 머물며 만들었다고 합니다. 그 인연으로 제주도에 정착했는데, 제주도의 어떤 모습 때문이었다고 생각하나요?

3. 「바람의 집」에서 시인이 표현하고자 하는 이야기는 무엇일까요?

4. 제주도는 관광과 평화를 상징하는 섬으로 인식되고 있지만 제주도가 겪었던 비극과 수난의 역사가 있습니다. 여러분은 제주도의 비극적인 '4·3사건'에 대해 조사해 보고 여러분의 생각을 글로 표현해 보세요.

📖 경험 성찰하기

1. 제주에서 걸어 보고 싶은 아름다운 길 중 지질트레일[51]은 세계적으로 인정받을 만큼 소중한 지질학적 역사를 품고 있습니다. 다음 여행지 중 한 곳을 선택하여 여행 계획을 세워 보세요.
   ① 산방산·용머리해안 지질트레일   ② 김녕·월정 지질 트레일

---

51) 지질트레일은 세계적으로 가치를 인증받은 유네스코 세계지질공원 브랜드를 활용하여 각 지역의 역사, 문화, 신화, 생활 등 다양한 이야기를 접목시켜 만든 도보길이다. 홈페이지: https://www.visitjeju.net/kr/themtour/view?contentsid=CNTS_000000000021670

③ 성산·오조 지질트레일   ④ 수월봉 지질트레일

2. 다음 제주 올레길 이동 경로를 확인하여 구체적인 여행 계획을 세워 보세요. (여행의 동기, 대상지, 관심 대상, 이동 경로, 시간, 경관 등 다양하게 제시)

가. 올레길 8코스

(월평포구-약천사-선궷내-대포포구-지삿개 주상절리층-중문해수욕장-갯깍주상절리층-논짓물-대평포구)

나. 올레길 10코스

(화순해수욕장-용머리해안-산방산-사계 해안도로-송악산-모슬포)

3. 세계 관광지 중 관광객 증가로 인해 몸살을 앓고 있는 도시 중의 하나로 선정된 제주도는 생활 쓰레기 하루 배출량 1위입니다. 관광지를 보존하고 생활 쓰레기 문제를 해결하기 위한 방안을 구체적으로 제시해 보세요.

4. 도시 전체가 관광특구로 지정된 제주도는 생활쓰레기 처리, 지하수 오염과 고갈, 난개발, 교통 혼잡, 해양 쓰레기, 오수처리제, 미세먼지, 축산 악취, 제2공항, 비자림로 확장 공사, 오버투어리즘 등으로 말미암아 자연환경, 생활환경, 사회 환경의 각 분야에서 여러 가지 문제들이 발생하고 있습니다. 제주도의 환경 문제를 해결하기 위한 근본적인 방안을 제시하시오.

5. 2018년 제주도에 예멘 난민들이 들어오면서 난민 문제가 우리 사회의 이슈가 됐습니다. 여러분은 제주도 난민 문제에 대해서 어떻게 생각하나요?

🖾 다음 여행 구상하기

1. 제주는 360여 개의 세계 최다 오름을 가지고 있다고 합니다. '오름'의 뜻과 형성 과정을 조사해 보고, 그중에서 '거문오름'을 선택하여 여행 계획을 세워 보세요.

2. '곶자왈'의 뜻과 형성 과정을 조사해 보고, '사려니숲길'을 선택하여 여행 계획을 세워 보세요.

3. 제주는 관광 지역이기도 하지만 아픈 역사를 지닌 곳이기도 합니다. 제주 4·3평화공원과 기념관을 방문하기 위해 그곳이 조성된 역사적 배경과 원인에 대해 탐구할 수 있는 여행 계획을 세워 보세요.

1. 곳자왈과 오름

• '곳자왈'은 '곳'은 숲, '자왈'은 '나무와 덩굴 따위가 마구 엉클어져서 수풀같이 어수선하게 된 덤불'이다. 이곳은 한라산부터 해안선까지 분포하며 동식물들이 살아가는 데 완충지대 역할을 한다.

• '오름'은 자그마한 산을 일컫는 제주도 방언으로, 제주화산도상에 산재해 있는 기생화산구를 말한다.[52]

2. 거문오름과 사려니숲길

• **거문오름**: 한라산 기슭에 분포하는 오름 중의 하나로 말굽형의 평면 형태이다. 형성 연대는 30~20만 년 전으로 추정하며 천연기념물 제444호이다. 돌과 흙이 검은색이 많으며 신령스러운 산이란 뜻을 가지고 있다. 자연유산 등재 이후 트레킹은 예약제로 운영되고 있다. 전체 코스는 약 10km이며 약 3시간 30분가량 소요된다.[53]

• **사려니숲길**: '사려니'는 '신성한 숲' 혹은 '실 따위를 흩어지지 않게 동그랗게 포개어 감다'라는 뜻이다. 비자림로를 시작으로 물찻오름과 사려니오름까지 이어지는 삼나무가 우거진 숲길로, 제주의 숨은 비경 31곳 중 하나이다.[54]

---

52) 오름이야기 http://www.ormstory.kr/
53) https://www.visitjeju.net/kr/detail/view?contentsid=CONT_000000000500034
54) https://www.visitjeju.net/kr/detail/view?contentsid=CONT_000000000500281

3. 제주 4·3사건: 1947년 3월 1일을 기점으로 하여 1948년 4월 3일 발생한 소요사태 및 1954년 9월 21일까지 제주도에서 발생한 무력충돌과 진압과정에서 주민들이 희생당한 사건을 말한다.[55]

---

55) 제주4.3평화공원: http://jejupark43.1941.co.kr, 제주4·3평화재단: https://jeju43peace.or.kr

좋은 인성을
찾아보는 여행

상상이란 머릿속으로 그려서 생각하는 것이다. 상상력은 상상하는 능력이며, 상상하는 마음의 작용이다. 듀이는 '뜨거운 가슴 없이 냉정한 머리'로만 하는 상상은 진정한 상상이라고 말할 수 없다고 보았다. 듀이는 실제로 행위 하지 않고도 예측[56]해 볼 수 있어야 하며, 결과를 미리 예측해 봄으로써 실제로 일어날 실패와 재앙을 무방비로 당하지 않을 수 있다고 하였다. 일단 저지른 일은 돌이킬 수 없지만 상상해 본 일은 치명적이지 않으며 수정이 가능하다.

도덕적 상상력(moral imagination)은 도덕적 탐구와 관련된 내용의 일부이며,[57] 도덕적 문제를 해결하고 도덕적 행위를 하는 데 필요한 요소로서, 타인의 곤경이나 어려움에 공감하는 능력, 타인을 배려하고

---

56) 듀이는 실제로 일어날 수 있는 일들을 찾아보는 실험을 '드라마적 리허설'이라고 하였다.
57) 도덕적 탐구와 관련된 교육 내용으로는 사실 판단, 가치 판단, 도덕 판단을 구별하기, 도덕적 능력과 도덕적 상상력을 길러 주기, 도덕 공부에서 토론의 중요성과 토론 방법 알기 등이 있다.

기쁘게 하려는 동기 등을 포함하고 있다. 이러한 도덕적 상상력은 행위자로 하여금 실제적이고 구체적인 도덕적 사고와 행위를 할 수 있게 해 주며, 창의적인 도덕적 해결 방안을 도출하게 해 준다. 반면에 도덕적 상상력이 부족하면 도덕적 사고나 판단 및 행위를 하는 데 어려움을 겪게 된다. 도덕적 상상력은 다양한 체험이나 여행 및 간접 체험 등을 통해서 효과적으로 개발될 수 있다.

우리는 건축물 여행과 다양한 축제 여행을 통해 그 시대 사람들의 사고방식과 생활양식을 체험해 보면서 문화적 환경을 구성해 볼 수 있게 된다.

자연 세계를 숭배한다는 점으로 공통적인 견해를 지닌 대표적인 철학자로는 '노자'와 '스피노자'가 있다.[58] 가족 중심의 혈연 공동체와 국가 중심의 사회 공동체의 윤리 규범을 제시한 학문은 성리학이다. 성리학을 연구했음에도 다른 해석과 적용을 보인 조선 시대의 대표적인 학자는 '이황'과 '이이'이다.[59]

건축물 여행을 통해 그 시대를 살았던 사상가를 만나 볼 수 있으며, 그 시대의 생각과 문화를 확인할 수 있다. 축제는 특정 주제에 대한 의식 행위로, 문화 축제의 배경과 의미 등을 통해 그 지역성을 이해할 수 있다.

---

58) 고대 중국의 노자는 그의 저서 『도덕경』에서 자연의 멋진 균형과 조화에 관해 서술하였다. 17세기 암스테르담에서 안경 렌즈를 갈아 주며 살았던 철학자 스피노자는 자연 전체의 복잡한 디자인에 대해 심도 있는 분석을 하였다. 관점은 전혀 달랐지만 그들 모두는 자연의 광대함을 바라보면서 경외심을 느꼈다. 노자와 스피노자는 모두 우리 인간이 장려한 자연의 일부가 될 때에만 평화롭고 행복할 수 있다고 보았다.
59) 조선 시대 성리학자인 퇴계 이황은 『성학십도』, 율곡 이이는 『성학집요』를 썼다. 이황은 관직에서 물러나 도산서원을 세워 성리학 연구에 매진하였고, 이이는 강력한 개혁으로 나라를 변화시키려 노력하였다.

7. 사단칠정논쟁 도산서원

👀 여행지 살펴보기

인연을 만나지 못해 결혼을 하지 않던 남동생은 가족 모임에 가면 "누나가 결혼을 한 후에 순서를 지켜서 가겠다."고 늘 핑계를 대다가 드디어 장가를 갔다. 올케는 안동 출신으로 부모님께 순종하고 형제자매 간의 우애를 굉장히 중요시 여긴다. 특히 아버님 말씀이 틀렸을지언정 그 앞에서 거역하지 않는 부분은 비록 윗사람이라도 옳지 않다면 개인의 의견을 바로 이야기할 수 있는 우리 집 분위기와는 사뭇 다르다. 역시 전통과 권위를 중시하는 지역인 안동에서 성장해서 그런가라는 생각도 해 보면서, 남동생과 함께 도산서원을 방문하기로 하였다. 올케는 지리적으로 가까워서 그런지 병산서원은 방문했지만 도산서원에는 한 번도 가 본 적이 없다며 기쁘게 따라나섰다.

도산서원은 교육 시설인 강당이 앞에 있고 제사 시설인 사당이 뒤에 배치되어 있는데, 대체로 간결하고 검소하게 지어졌다.

1558년에 율곡 이이는 퇴계 이황을 찾아가 사흘간 머무르면서 서로의 생각을 듣고 이야기를 나눈다. 23세의 청년 율곡 이이와 58세의 노학자 퇴계 이황은 35년의 나이 차이가 무색할 만큼 서로를 알아보았다. 젊은 청년의 생각을 끝까지 듣고 대답을 해 준 퇴계의 인품과 학문하는 자세에 대해 생각을 해 보게 된다.

조선 성리학의 대가로 학문적 역량이 뛰어난 이황은 기대승과 '사단칠정논쟁'을 벌인 것으로 유명하다. 기대승의 편지로 시작하여 두 사

람은 1559년부터 1566년까지 토론을 이어 간다. 당시 기대승은 32세의 젊은 나이로 전라도 광주에 살고 있었고 문과에 합격하기 전이었다. 관직에서 물러나 경상도 안동에서 후학을 양성하던 58세의 대학자 이황은 젊은 학자의 질문에 친절하게 답변을 한다. 이어지는 질문과 답변은 8년간이나 계속되었다. 긴 논쟁 끝에 이황은 결국 자신의 성리학설을 수정하기에 이른다. 이 논쟁은 율곡 이이와 우계 성혼의 '인심도심(人心道心)' 논쟁으로 6년간 이어졌다.[60]

우리나라 한옥을 살펴보면 보와 창틀 모양으로 그 집안의 부와 권세를 판단해 볼 수 있다. 안에서 밖을 보는 시점에서 보면 병산서원은 바깥 풍경이 시원하게 보인 반면 도산서원은 반대이다. 한옥은 기둥이 나무로 되어 있어서 비에 취약하다. 나무 기둥이 비를 맞지 않기 위해서 지붕 코너 추녀의 처마 길이를 길게 들어 올려 주도록 만든다.

---

60) 인간에게는 태어나면서부터 선한 마음인 사단(四端: 측은지심, 수오지심, 사양지심, 시비지심)과 선하든 악하든 인간이 느끼는 감정인 칠정(七情: 기쁨, 노여움, 슬픔, 두려움, 사랑, 미움, 욕망)이 있다. 이에 이황은 이기호발설(理氣互發說), 이이는 기발이승일도설(氣發理乘一途說)을 주장한다. 이기호발설은 "사단은 이(理)가 발하여 기(氣)가 그것에 따르는 것이고, 칠정은 기가 발하여 이가 그것에 탄 것이다.", 기발이승일도설은 "기가 아니면 이를 발할 수 없고, 이가 아니면 기를 발하도록 할 수 없다."는 주장이다.

특히 처마가 원만한 곡선인 이유는 비에 젖은 기둥이 잘 마를 수 있게 하기 위해서라고 한다.

🧭 정보 및 위치

도산서원은 사적 170호로 퇴계 이황(1501–1570)의 학문과 덕행을 기리고 추모하기 위해 1574년(선조 7)에 지어진 서원이며, 크게 도산서당과 도산서원으로 구분된다. 도산서당은 1561년(명종 16)에 퇴계가 낙향 후 학문 연구와 후진 양성을 위해 직접 제자들을 가르치던 곳이고, 도산서원은 퇴계 사후 건립되어 추증된 사당과 서원이다. [61]

도산서원은 사액서원[62]으로 1575년 선조 8년에 한석봉이 쓴 '도산서원'의 편액을 하사 받음으로써 영남 유학의 총 본산이 되었다.

도산서원 전경

---

61) 도산서원 소개 수정 인용, http://www.dosanseowon.com/coding/sub1/sub1.asp
62) 사액서원이란 조선 시대에 왕으로부터 서원명의 현판과 노비, 서적 등을 받는 공가 공인의 서원을 말한다. 최초의 사액서원은 '백운동서원'으로, 1550년 풍기군수로 재직 중인 퇴계 이황이 요청하고 이에 명종은 '소수서원(紹修書院)'이라는 어필(御筆) 현판과 서적을 하사했다.

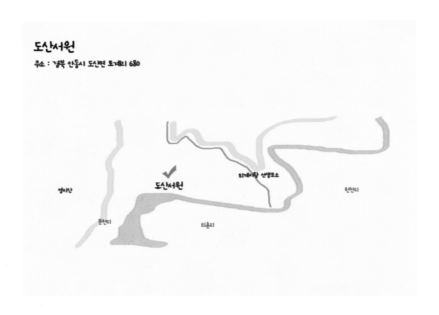

도산서원
주소 : 경북 안동시 도산면 토계리 680

영지산

도산서원

퇴계이황 선생묘소

온혜리

분천리

의촌리

　도산서원에는 이황의 위패가 모셔져 있는데, '도산서당'은 제자들
가르치던 공간이며, '고짓사'는 서원 관리자들 공간이다. 제자들을 위
한 기숙사인 '농운정사'와 대강당 역할을 하는 '전교당'이 자리한다.
도산서원은 분지처럼 되어 있는데, 양쪽으로 산이 있고 정면에는 강
이 흐른다. 좁은 공간을 넓어 보이도록 퇴계 선생님이 직접 설계했다
고 한다. 퇴계 이황(1501~1570)의 최고 관직은 성균관 대사성으로 류성
룡보다 낮았으나 이곳에서 후학을 양성하는 등 학문적 결과는 매우
높았음을 알 수 있다. 그의 저서 『성학십도』는 그림을 그리고 설명을
붙여 만든 책으로 성리학을 쉽게 풀어내고 있다.

• 사천왕문과 대웅보전 •

📷 사진 자료

도산12곡(陶山十二曲) -이황[63]

이런둘 엇더ᄒ며 뎌런둘 엇더ᄒ료
草野愚生(초야우생)이 이러타 엇더ᄒ료
ᄒ믈려 泉石膏肓(천석고황)을 고텨 므슴ᄒ료

이런들 어떠하며 저런들 어떠하랴?
시골에 파묻혀 있는 어리석은 사람이 이렇게 산들 어떠하랴?
더구나 자연을 사랑하는 것이 고질병처럼 된 버릇을 고쳐서 무엇하랴?

1. 위 시는 퇴계 이황이 지은 12수의 연시조 중 첫 번째 노래입니다. 이 시조를 통해 퇴계 이황이 표현하고자 한 이야기는 무엇일까요?

2. 「도산12곡」 중 나머지 11곡을 찾아서 시인이 표현하고자 하는 내용과 주제 및 특징을 찾아보고, 사용하고 있는 수사법을 모두 찾아 비교해 보세요.

📖 경험 성찰하기

1. 도산서원을 여행하기 위해서 구체적으로 계획을 세워 보세요.
가. 여행의 종류(동기, 대상지, 관심 대상, 경관, 교통수단 등 다양하게 제시)

---

63) 이황[李滉, 1501(연산군 7)~1570(선조 3)]의 본관은 진보(眞寶), 자는 경호(景浩), 호는 퇴계(退溪)·퇴도(退陶)·도수(陶叟)이다. 조선 중기의 문신으로 주자의 사상을 깊게 연구하여 조선 성리학 발달의 기초를 형성했으며, 이기호발설을 주장하였다.

나. 도산서원 내부의 건물 배치와 주변 환경을 그림으로 그려 보세요.

2. 도산서원과 관련된 역사적 인물들 중 이황과 기대승의 '사단칠정' 논쟁과 이이와 성혼의 '인심도심' 논쟁의 특징을 찾아보세요.

3. 남편의 동생은 '도련님'이나 '아가씨'라 부르는 반면, 아내의 동생은 '처남'이나 '처제'로 부르고 있습니다. 여성가족부는 남성 중심 가족 호칭을 개선하고자 하는데, 여러분은 이러한 호칭에 대해서 어떻게 생각하나요?

다음 여행 구상하기

1. 퇴계 이황의 종택을 찾아 특징을 조사한 후 여행 계획을 세워 보세요.

2. 병산서원의 전신은 풍악서당(豊岳書堂)으로 고려 때부터 사림의 교육기관이었습니다. 서애 류성룡과 관련이 깊은 병산서원을 선택하여 여행 계획을 세워 보세요.

3. 도산서원과 병산서원의 건축물 특징을 비교하여 보세요.

학습 자료

1. 퇴계 종택

1926~1929년 사이에 선생의 13대손이 옛 종택의 규모를 따라 신축
하였는데, 정면 6칸 측면 5칸 측면 2칸의 'ㅁ'자 형태로서 총 34칸으로
이루어졌다.

- 주소: 경북 안동시 도산면 토계리 468-2
- 경상북도기념물 제42호(1982.12.1)

2. 김형찬 저, 『율곡이 묻고 퇴계가 답하다』, 바다출판사, 2018.

8. 실레마을 김유정 문학촌

👀 **여행지 살펴보기**

칠 남매 중 늦둥이 여섯째로 태어나 아버지의 사랑을 듬뿍 받았던
나에게, 별안간 찾아온 아버지의 죽음과 이별은 늘 내 인생의 화두였
다. 인생은 총량의 법칙이라고 했던가! 단지 기간만 짧았을 뿐 아버
님이 내게 주신 사랑은 다른 부모들이 평생 자식에게 주는 사랑의 총
량과 다를 바 없을 것이다. 아버지는 낮에는 농사일과 염전 일을 하시
고 밤에는 꼭 책을 읽으셨다. 특히 재미있는 내용이 나오면 어머님에
게 알려 주시는 다정한 남편이었다. 그뿐만 아니라 한자도 많이 아셔

서 동네 사람들이 간혹 신문을 들고 와서 물어보면 친절하게 알려 주셨다. 간혹 비가 오는 날이면 붓글씨와 동양화를 그리기도 하고, 대나무 바구니를 만들 때는 늘 콧노래를 불렀다. 자식들이 농사일을 도와주는 것보다 책을 읽거나 공부하는 것을 더 좋아했다. 그렇게 아버지가 세상을 떠나고 우리는 섬마을 고향을 떠나 서울살이를 시작했다.

아버지 대신 동생들 뒷바라지를 했던 큰오빠의 짐을 덜어 주고자 고등학교를 졸업하고 취업을 했다. 당시 젊은이들이 가장 많이 찾는 장소는 대성리, 가평, 강촌, 청평 등이었다. 그곳들은 특히 스무 살 청춘들이 제일 많이 이용하는 열차 경춘선을 타고 들를 수 있는 곳으로서, 젊은이들의 꿈과 낭만이 있는 곳이었다. 나도 가끔 지치고 힘이 들 때 친구들과 함께 경춘선 열차를 타곤 했다. 그렇게 경춘선 노선들을 하나씩 구경하다가 김유정 문학촌을 방문하게 되었다. 신남역이었던 김유정역은 소설가 김유정을 기리기 위해서 철도 역사상 처음으로 인물 이름을 붙인 역이다.

2002년부터 일주일에 한 번씩 만나 철학 관련 서적이나 독서 토론을 하는 팀원들은 젊었을 때 경춘선 노선을 한 번쯤은 이용해 보았다고 했다. 그래서 우리는 추억을 더듬을 겸 김유정 문학촌을 함께 방문하기로 했다.

우리 아버지는 농사일을 하면서도 틈틈이 책 읽기를 좋아했고, 재미있는 부분은 항상 어머니에게 들려주었다. 김유정의 『봄봄』은 주인집 딸 점순이와 결혼하기 위해 3년째 머슴살이를 하는 춘삼이의 이야기로 특히 우리 어머니가 좋아했던 소설이다.

김유정 문학관이 아닌 문학촌으로 된 이유는 김유정 유품이 한 점

도 남아 있지 않기 때문이다. 작가의 친구 소설가 안회남이 전집을 내
준다며 김유정의 유품 보따리를 가져간 후에 월북했기 때문이다. 따
라서 소설의 배경이 된 실레마을 자체를 문학촌으로 지정해서 부르게
되었다고 한다.[64]

🧭 정보 및 위치

　　김유정 문학촌은 한국의 단편문학작가 김유정(金裕貞, 1908~1937)의 고향인
실레마을에 위치한 문학공간으로, 문학적 업적을 알리고 그의 문학정신을
계승하기 위하여 조성하였다. 그는 마을의 실존 인물들과 실제로 목격한 일을
작품에 등장시켰으며, 처녀작은 『산골나그네』(1933)이다. 작품에 나오는 지명을
둘러보는 문학 산책로와 작가의 생가, 문학 전시관, 외양간, 디딜방앗간, 휴게정,
연못 등이 설치되어 있다.
　　김유정역은 강원도 춘천시 신동면에 있는 역(驛)으로 1939년 7월 25일
신남역으로 개업하였으며, 2004년 12월 1일 김유정역으로 역명을 변경하였다.

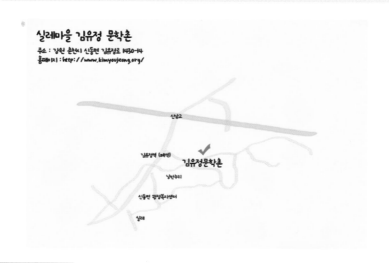

실레마을 김유정 문학촌
주소 : 강원 춘천시 신동면 김유정로 1430-14
홈페이지 : http://www.kimyoujeong.org/

---

64) 강원일보, 2019.1.31.일자, "'봄봄, 동백꽃'의 김유정 그가 걸어온 삶을 더듬다" 발췌 인용

쌤의 경험 나누기

2004년에 신남역을 김유정역으로 개명했고, 2013년에는 신남우체국도 김유정우체국으로 개명했다. 강원도 춘천시 신동면 실레마을에 자리한 '김유정문학촌'은 서른 살 짧은 생을 살다 간 소설가 김유정을 기리기 위한 곳이다.

김유정 문학촌을 가기 위해 정차한 역에는 난로와 주전자 등 역에서 썼던 물건들을 전시한 곳이 있으며, 역 맞은편에는 열차를 개조해 만들어 놓은 북카페가 있다. 철길 따라 걸을 수 있는 곳도 있고, 철로 위를 달리는 레일바이크도 타 볼 수 있다.

실레마을은 김유정의 고향이자 『봄봄』과 『동백꽃』 등 소설의 배경이 된 곳이다. 또한 우리나라의 인쇄 문화와 역사가 존재하는 인쇄 박물관이 있다. 각종 인쇄 관련 기계와 고서적, 문학 초판본 등 희귀장서들이 전시되어 있고 활자를 찍어 인쇄하는 체험도 할 수 있다.

김유정은 팔 남매 중 일곱째로 태어나 부모님을 일찍 여의었으며, 휘문고보를 거쳐 연희전문학교에 입학했다. 그러나 몸이 허약하여 잦은 결석으로 제적당했고, 소설가 안회남[65]과 각별하게 지냈다.

김유정은 1928년, 인간문화재 판소리 명창 박녹주[66]의 공연을 보고 사랑을 고백했으나 거절당하고 고향으로 귀향하여 야학운동[67]을 펼

---

65) 안회남은 1910년 11월 15일 서울 출생, 『안회남 단편집』(1939), 『탁류를 헤치고』(1942), 『대지는 부른다』(1944), 『전원』(1946), 『불』(1947), 『봄이 오면』(1948) 등이 있으며, 1948년 월북했다.
66) 박녹주는 1905년생으로 판소리 명창이며 인간문화재로, 1964년 중요 무형문화재 제5호인 판소리 〈춘향가〉의 예능보유자로 지정되었다가, 1970년 〈흥부가〉의 예능보유자로 변경, 지정되었다.
67) 야학운동이란 일제강점기 정규 학교에 다니지 못하는 사람들을 대상으로 실시된 사회 교육 운동이다.

첬다. 그는 고향의 이야기를 소설화했으며, 1935년 소설『소낙비』가 조선일보 신춘문예 현상모집에 당선되었다. 또한 구인회 후기 동인[68]으로 가입하면서 활발하게 작품을 발표했다.

1933년 김유정은 스물다섯에 조선일보와 조선중앙일보 신춘문예에 당선되었고, 수많은 원고 청탁으로 밤을 새워 글을 썼다고 한다. 김유정은 두 번째 사랑의 상대인 시인 박봉자[69]에게 30여 통의 편지를 쓰며 구애했지만 안타깝게 사랑을 이루지 못했다.

김유정은 6년 동안 소설 31편, 동화 2편, 수필 17~18편, 번역 2편 등을 남겼다. 그중 고향인 실레마을을 배경으로 쓴 작품은『봄봄』,『산골』,『동백꽃』등 12편이다.

우리는 김유정 문학의 배경이 된 실레마을을 둘러보고, 지금은 선로 변경이 되어 레일바이크 길로 운영하는 옛 기찻길을 가 보기로 하였다. 레일바이크로 김유정역에서 옛 강촌역까지 1시간 20분이 걸린다고 했다. 터널 4개를 지나는 한겨울, 레일 바이크는 우리에게 특별한 체험이었다. 신나게 찬바람을 맞으며 레일바이크를 타고 30분을 가자 다 왔다고 내리라고 하였다. 많은 사람들은 의아해하면서 내렸고, 조금만 기다리면 낭만열차가 오니 바꿔 타면 된다고 했다. 얼마나 기다려야 하냐고 물었더니 조금만 기다리면 된다고 하였다. 금방 온다던 열차가 오지 않자 슬슬 부아가 치밀어 올랐지만, 겨울 추위와

---

68) 구인회는 1933년 이종명, 김유영, 이효석, 이무영, 유치진, 이태준, 조용만, 김기림, 정지용 등 9인이 결성하였다. 후기에는 이무영, 이태준, 김기림, 정지용, 박태원, 이상, 박팔양, 김유정, 김환태 등이었다. [출처: 네이버 지식백과]

69) 박봉자는 시인이으로, 잡지「여성」(1936년 5월)에 김유정과 함께 공동제목으로 '그분들의 결혼플랜, 어떠한 남편 어떠한 부인을 마지할까'라는 글이 실렸다. 그 인연으로 김유정에게 30여 통의 편지를 받았으나 답장은 일절 없었다. 그 후 구인회 회원 평론가 김환태와 결혼하였다.

늦게 오는 열차 앞에 속수무책이었다. 그렇게 30분을 기다렸고, 한겨울 사방이 터진 아주 시원한 낭만열차를 20분간 타고 강촌역으로 왔다. 그러나 바로 서울로 가는 열차와 연계되어 있지 않았고, 새롭게 지어진 역사를 찾아 약 20분 정도를 걸어야만 했다. 김유정역과 강촌역을 1시 40분 동안 걸려서 이동한 것이다. 함께 동행한 이들은 더 이상 낭만에 대하여 이야기하지 않기로 하였다.

📷 사진 자료

소설 「솟」 장면

소설 「동백꽃」 장면

소설 「봄봄」 장면

김유정 생가

김유정 생가

김유정 기념관

김유정 기념관

• 김유정 실레이야기 길 •

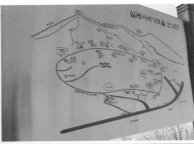

📖 여행 속 시와 소설, 노래 이야기

봄봄 –김유정

"번이 마름이란 욕 잘하고 사람 잘치고 그리고 생김생기길 호박개 같애야 쓰는거지만 장인님은 외양이 뚝됐다. 작인이 닭마리나 좀 보내지 않는다든가 애벌논때 품을 좀 안 준다든가 하면 그해 가을에는 영낙없이 땅이 뚝뚝 떨어진다. 그러면 미리부터 돈도 먹이고 술도 먹이고 안달재신으로 돌아치든 놈이 그 땅을 슬쩍 돌아안느다. 이 바람에 장인님집 외양간에는 눈깔 커다란 황소 한놈이 절로 엉금엉금 기여들고 동리사람은 그 욕을 다 먹어가면서도 그래도 굽신굽신 하는게 아닌가."
– 「봄봄」 중에서. 『김유정 전집』 1987.[70]

강원도 아리랑

아리랑 아리랑 아라리요
아리랑 띄여라 노다 가세
증긔차는 가자고 왼고동 트는데
정든 님 품 안고 낙누낙누

아리랑 아리랑 아라리요
아리랑 띄여라 노다가세
낼 갈지 모레 갈지 내 모르는데
옥씨기 강낭이는 심어 뭐하리

아리랑 아리랑 아라리요
아리랑 띄여라 노다 가세
–소설 『만무방』 중에서

1. 김유정의 「봄봄」을 읽고 작가가 말하고자 하는 것은 무엇일지 생각해 보세요.

---

2. 「봄봄」의 갈래, 배경, 성격, 시점, 문체, 어조, 표현, 의의와 주제를 파악하고 인물과 구성을 발단-전개-위기-절정-결말로 분석해 보세요.

3. 김유정의 작품에는 아리랑이 많이 등장하는데, 강원도 아리랑과 비교해 보세요.

4. 김유정은 우리말을 매우 사랑했다고 전해집니다. 김유정 소설 속에 나타난 우리말을 찾아보세요.

📖 경험 성찰하기

1. 김유정문학촌에서 김유정 작품을 찾아본 후 실레마을의 작품 지도를 찾아 소설 속 작품 여행을 계획해 보세요.

2. 김유정의 소설 『금 따는 콩밭』, 『동백꽃』, 『봄봄』 중 하나를 선택해서 읽고, 시점, 배경, 주제를 분석해 보세요. 그리고 발단-전개-위기-절정-결말을 그림으로 표현해 보세요.

📱 다음 여행 구상하기

1. 춘천에 있는 댐은 화천 댐, 춘천 댐, 의암 댐, 소양강 댐입니다. 이들 댐의 건설 과정과 특징을 조사해 보고, 이 중 한 곳을 선택하여

여행 계획을 세워 보세요.

　2. 춘천에 있는 청평사를 여행하기 위한 계획을 구체적으로 세워 보
세요.

　　가. 여행의 종류(동기, 대상지, 관심 대상, 경관, 교통수단 등 다양하게 제시)

　　나. 소양강과 청평사의 배치와 주변 환경을 그림으로 그려 보세요.

• 소양강 청평사 •

학습 자료

1. 김유정 단편 소설
   • 봄봄   • 동백꽃

9. 섬진강 매화 마을

여행지 살펴보기

　매년 3월이 되면 느끼게 되는 설렘과 긴장감은 초등학생을 비롯하여 학생이라면 누구나 느끼는 감정일 것이다. "나는 몇 반이 될까? 누가 내 짝꿍이 될까? 담임교사는 누구일까?"라는 시선으로 새 학기를 맞이할 것이다.

　2012년 나는 운 좋게도 일 년 동안 자율 연수 기회를 얻었다. 이를

통해 연구년제를 통해 그동안 구하고 싶었던 학습 자료를 수집하고 연수도 들으면서 재충전의 시간을 가질 수 있었다.

마침 텔레비전을 통해 광양의 매화 마을이 소개되었다. 섬진강 줄기에 광부 생활을 하여 모은 돈으로 매실나무, 밤나무를 심은 후, 그의 후손이 수년간 산을 개간하여 만든 매화마을은 3월 중순이나 말에 꽃을 피운다. 그것을 계기로 매년 매화 축제가 열린다고 한다.

연수가 시작되는 3월, 제일 먼저 하고 싶었던 것은 광양에 있는 매화를 보러 가는 것이었다. 지조와 절개를 상징하는 매화를 보기 위해 그간 여러 번 광양을 방문했지만 주말을 이용해서 가야 했기에 매화가 피기 전이거나 이미 져 버린 상태로 발길을 돌려야만 했던 날이 많았다. 그러나 이번만큼은 놓치고 싶지 않았기에 왕복 7시간의 거리를 혼자 달려갔다.

저 멀리 섬진강이 보이니 갑자기 시장기가 돌더니 재첩국과 벚굴이 생각나기 시작했다.

정보 및 위치

광양 매화 축제는 해마다 섬진강변 매화마을을 중심으로 매화꽃이 피는 3월 중순부터 말까지 열리는 축제이다. 이 축제는 광양지역을 대표하는 축제로, 섬진강변의 아름다운 경관과 먹거리 등 다양한 볼거리를 제공하는데, 100만 명 이상의 관광객이 방문한다고 한다.

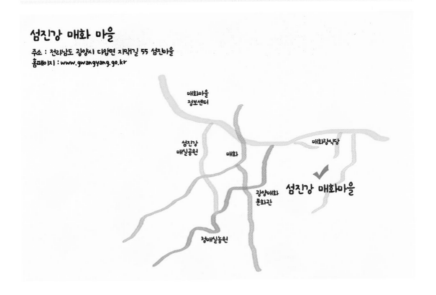

섬진강 매화 마을
주소 : 전라남도 광양시 다압면 지랫길 55 섬진마을
홈페이지 : www.gwangyang.go.kr

 축제를 하는 곳이라면 언제나 사람들이 붐빈다. 사람들이 몰리는 시간을 피해서 간다면 즐거운 여행이 될 수 있으리라. 대중교통을 이용할 것인지, 자가용을 이용할 것인지 교통수단과 요일과 시간 그리고 누구랑 동행할 것인지를 고려해서 여행 계획을 세워야 한다.

 홀로 왕복 7시간을 달려서 온 매화 마을은 꽃이 70% 정도만 피어 있었다. 다음 날 이모네 딸 2명과 친언니 2명 등 언니 4명과 함께 다시 매화 마을을 방문하였다. 내가 늦둥이로 태어난 탓에 언니들과 터울이 많아서 오롯이 효도 여행차 인솔하기로 했다. 오십을 넘어선 갱년기 언니들이 대부분이라 차를 타고 오면서도 각자의 요구 사항이 많아서 맞추기가 매우 힘들었다. 특히 운전까지 하면서 이동해야 했기에 많은 인내심이 필요했다. 여행을 함에 있어서 누구랑 함께하느

냐도 매우 중요한 것임을 느끼게 되었다. 요구 사항이 많아진다는 것은 배가 고파지기 시작했다는 것이다. 언니들은 섬진강 벚굴과 그곳에서 채취한 봄나물 등을 보면서 뛸 듯이 기뻐했다.

· 사천왕문과 대웅보전 ·

· 광양 매화마을 ·

시조 −김성기[71]

옥분(玉盆)에 심근 매화 한 가지 꺾어 내니
꽃도 좋거니와 암향(暗香)이 더욱 좋다
두어라 꺾은 꽃이니 바릴 줄이 있으랴

자화상[72] −윤동주[73]

산모퉁이를 돌아 논가 외딴 우물을 홀로 찾아가선
가만히 들여다봅니다.

우물 속에는 달이 밝고 구름이 흐르고 하늘이
펼치고 파아란 바람이 불고 가을이 있습니다.

그리고 한 사나이가 있습니다.
어쩐지 그 사나이가 미워져 돌아갑니다.

돌아가다 생각하니 그 사나이가 가엾어집니다.
도로 가 들여다보니 사나이는 그대로 있습니다.

다시 그 사나이가 미워져 돌아갑니다.
돌아가다 생각하니 그 사나이가 그리워집니다.

우물 속에는 달이 밝고 구름이 흐르고 하늘이
펼치고 파아란 바람이 불고 가을이 있고
추억(追憶)처럼 사나이가 있습니다.

---

71) 김성기(金聖器, 1649~1725)는 조선 후기 거문고와 퉁소의 명인으로, 연주가와 명창들을 키워 냈다.
72) 「자화상」은 윤동주의 유고시집 「하늘과 바람과 별과 시」(정음사, 1948.)에 실린 시이다.
73) 윤동주(1917~1945)는 북간도에서 출생한 시인으로, 그의 대표작은 「서시」, 「자화상」, 「또 다른 고향」,
「별 헤는 밤」, 「쉽게 쓰여진 시」 등이다. 연희전문학교를 졸업하고 일본으로 유학을 갔다가 독립운동을 했
다는 죄목으로 수감되었고, 1945년 2월에 스물여덟의 젊은 나이로 사망하였다.

1. 김성기 시조의 형식을 분석해 보고 시인이 말하고자 하는 것이 무엇인지 상상해 보세요.

2. 윤동주의 '자화상'에서 시인이 행한 도덕적 성찰 방법이 무엇이라고 생각하나요?

고흐, 〈귀에 붕대를 감은 자화상〉, 1889년

3. 자화상을 많이 그린 대표적인 화가는 빈센트 반 고흐(Vincent van Gogh)[74]입니다. 고흐의 자화상을 찾아보고, 자화상을 많이 그린 이유와 배경에 대해 알아보세요.

4. 매화를 주제로 한 시를 찾아보고, 매화와 관련된 시를 써 보세요.

---

74) 고흐는 경제적인 어려움으로 인해 모델을 구하지 못해서 거울을 보며 자신을 그렸으며 그가 남긴 자화상은 43점이다. 그의 자화상에는 슬픔, 우울함, 설레는 마음, 불안함 등 다양한 심리가 뒤죽박죽 섞여 있다.

1. 매화마을을 조성하고 매실과 한국전통식품의 우수성을 알린 대표적인 농원을 찾아 여행 계획을 세워 보세요.

2. 다음은 지역의 문화를 주제로 하여 열리는 축제입니다. 이 중 한 곳을 찾아 여행 계획을 세워 보세요.
- 도자기 축제 • 함평나비 축제 • 얼음나라 화천 산천어 축제
- 산수유 꽃 축제 • 보령 머드 축제 • 안동 국제 탈춤 축제

📱 다음 여행 구상하기

1. 섬진강과 쌍계사 중 한 곳을 선택하여 여행 계획을 세워 보세요.

2. 평사리에 위치한 최참판댁은 소설 『토지』의 드라마 촬영지입니다. 작가 박경리가 1969년부터 1994년까지 소설 『토지』(21권)를 집필하였는데, 등장인물이 무려 700여 명이나 됩니다. 이 소설의 내용을 살펴보고, 평사리문학관, 박경리문학관, 드라마 촬영지 최참판댁 여행 계획을 세워 보세요.

3. 광양에는 일제 시대에 윤동주의 육필 원고를 숨겨 놨다가 해방

이후『하늘과 바람과 별과 시』를 출판한 정병욱[75] 박사의 생가가 있습니다. 시인 윤동주와 정병욱 박사의 발자취를 찾아가는 여행 계획을 세워 보세요.

🗂 학습 자료

- 박경리의 소설『토지』
- 윤동주의 시『하늘과 바람과 별과 시』
- 청매실농원: http://www.maesil.co.kr/

---

75) 정병욱(1922~1982)은 국문학자, 민속학자 겸 수필가이며, 서울대학교에서 교수를 역임하였고, 서울대 박물관장, 학술원 정회원을 역임하였다. 연희전문 문과 시절 신문에 글을 발표한 것을 계기로 윤동주와 만나게 된다. 윤동주는 시집『하늘과 바람과 별과 시』를 출판하려고 했으나 일제의 방해로 뜻을 이루지 못하고 정병욱에게 보관하게 한다. 정병욱은 해방이후 1948년에 윤동주의 유고 시집을 출판하게 된다.
[출처: EBS 동영상 https://terms.naver.com/entry.nhn?docId=2448545&cid=51670&categoryId=51671]

다툼이 없는 세계를
꿈꾸는 여행

　노자가 물소를 타고 서쪽으로 갈 때, 수문장이 그의 사상을 설명해 달라고 요청하자, 3일에 걸쳐 『도덕경』을 집필한다. 도덕경은 단순하고 즐거운 삶을 살도록 사람들을 인도한다. 그는 만물 속에 내재하고 또한 그것을 둘러싸고 있는 우주의 리듬을 찬양한다. 우리 삶의 자연적 리듬을 다시 찾으려면 우주의 일부로서 우리가 지닌 자연적 위상을 되찾아야 한다. 그러지 못하면 불행해질 뿐이다.

　도(道)는 모든 사물의 내외, 전후, 상하, 고저, 주변 어디에나 존재한다. 그것은 만물에 스며들고 배어들어 있는 영원한 실재이며, 세상을 통일시키는 무형의 접착제이다. 자연의 우주적 리듬은 만물 안에서 변함없이 울리고 있다. 자연의 흐름은 필연적인 것으로서 바뀔 수 없다. 도(道)의 온화한 힘이 우주를 균형 있고 조화롭게 유지시킨다. 정반대로 보이는 것들이 실제로는 서로 보완적인 것들이다. 밝음과 어두움[明暗], 마름과 젖음[乾濕], 높고 낮음[高低], 안과 밖[內外] 등이 그러하다. 흔히 물질과 공간이라고 말하는 존재와 비존재도 상보적인 것이다. 노인과 젊은이[老少], 죽음과 삶[死活], 굳셈과 부드러움[剛柔] 등이 그러하다. 다투지 말고 삶의 흐름에 내맡긴다면 우리의 삶은 아주 맑고 깨끗하게 숨 쉴 수 있다. 우주적 에너지를 인간이 만들 수 있다고 생각하는 것은 잘못이다. 인간만이 모든 존재하는 것과 다르며 그것들보다 우월하다는 생각도 잘못이다. 인간의 에너지는 우주의 에너지와 조화를 이루어야 한다. 그러할 때 우리 삶이 유지될 수 있다.

노자가 말하는 도란 그렇게 어렵지 않다. 음악이 리듬에 맞춰 춤추게 만드는 것이 도이기도 하다. 잘못된 곳에 억지로 퍼즐을 끼우려 하는 것, 사막에서 자라는 식물을 알라스카에다 심고는 잘 자라기를 바라는 것은 도와 맞지 않는다.

현대 사회에서 여유를 가지고 삶의 자연적 에너지와 화합하는 일이 언제나 쉬운 일만은 아니다. 늘 서두르라는 말을 들으면서 '편안한 마음을 갖는 일'도 쉽지 않다. 노자는 "소음은 수없이 많지만 자연의 소리는 하나뿐이다."고 했다.

모래알, 물방울, 피라미, 씨앗은 아주 작다. 미국삼나무, 고래, 코끼리, 안개 속에 가려져 있는 산 정상, 다른 혹성 등은 너무도 크다. 우주는 어떠한가? 뇌우, 바람, 홍수, 낙석은 힘 있다. 눈, 이슬, 꽃가루는 부드럽게 떨어진다. 유성은 획 지나가고, 카멜레온이 색깔을 바꾸는 것도 우리는 볼 수가 없다. 자연은 기적이며, 인간은 자연의 일부이다.

10. 생태 보전의 천국 비무장지대(DMZ)

👀 여행지 살펴보기

비무장지대(DMZ) 내 유일한 학교는 대성동초등학교이며, 민통선 안에는 파주 군내초등학교가 있다.[76] 2015년 여름 방학을 이용하여 민통선 안에 위치한 파주 군내초등학교를 방문했다. 군내초등학교는 민통선 안에 위치해 있기 때문에 이곳을 방문하려면 마을 주민이나 공공기관에서 방문객의 인적 사항을 삼 일 전에 검문소에 통보해야 한다. 비무장지대는 방문 일주일 전에 방문 허가를 신청해야 한다.

군내초등학교 교장 선생님의 배려로 군내초등학교를 방문할 수 있는 기회를 가질 수 있었다. 통일대교를 건너자 검문소에서 장병들이 통행을 제한하고 우리의 신원을 확인했다. 이곳부터 비무장지대까지는 내비게이션 서비스가 되지 않는다. 민통선 안에 들어서자 마을이 매우 평화롭게 보였지만, 어디선가 사격 연습을 하는 듯 지속적으로 총소리가 들렸다.

군내초등학교는 2012 유네스코 협동학교로 지정되어 유네스코와 관련된 교육 행사, 그리고 평화와 인권에 관련된 여러 개의 과정들을 교육하고 있다. 민간인통제구역(민통선), DMZ 남방한계선을 지나 차로 10분 정도 더 들어가면 대성동초등학교가 나온다. 이곳에는 4km 정도가 철조망이 없는데, 남쪽 군인들이 철조망을 치고 있을 때

---

76) 파주 군내초등학교(설립일 : 1911.04.01.)는 학생 수 48명과 교원 수 10명이며, 1968년에 설립된 대성동초등학교는 학생 수 30명, 교원 수 10명이다.

북한군이 총을 쏘는 사건이 벌어졌기 때문에 설치할 수 없었다고 한다. 이 때문에 사람들 중에서 자기도 모르게 북쪽으로 넘어가는 일이 벌어진다고 한다. 실제로 비무장지대에서 도토리를 줍던 노인이 북쪽 땅을 밟았다가 억류되어 6개월 만에 돌아왔다고 한다. 따라서 비무장지대에 민간인이 들어갈 때는 1명당 군인 1명이 따라붙는다고 한다.

🧭 정보 및 위치

DMZ란 'Demilitarized Zone'의 약자로서 군사적 비무장지대를 말한다. 정전협정 이후 직접적인 충돌을 방지하기 위해 일정 간격을 두도록 한 완충지대를 말한다. 군사분계선[Military Demarcation Line(MDL), 1953.07.27.]에서 남북이 똑같이 2km씩 뒤로 물러난 지역으로, 비무장지대 바깥의 남쪽 철책선이 남방한계선, 북쪽 철책선이 북방한계선이다. DMZ는 서쪽부터 강화군, 김포시와 파주시, 연천·철원·화천·양구·인제·고성 등 9개의 시군구를 관통하고 길이 248km이다. 1954년 2월 휴전선 일대의 군사작전과 군사시설 보호, 보안 유지를 목적으로 남방한계선 바깥으로 5~20km의 보이지 않는 선을 그어 민간인의 출입을 금지하였는데, 이 선이 바로 민통선(민간인통제구역, 민간인출입통제선)이다. 민통선은 1990년대 이후 총 111개 마을 중 51개 마을 주민 1만 9천여 명이 자유롭게 통행하고, 군사시설보호법에 따라 일정한 절차를 거치면 농사도 지을 수 있도록 통제가 완화되었다.[77]

---

77) 두산백과, https://terms.naver.com/entry.nhn?docId=1105984&cid=40942&categoryId=31746

비무장지대(DMZ)

주소 : 경기도 의정부시 청사로 1 DMZ정책담당관
   제3땅굴, 도라전망대 [문의: 파주시 관광민통센터 (031-940-8523)]
   평화열차 DMZ Train [문의: 코레일(1544-7788)]
홈페이지 : 경기도DMZ비무장지대 http://dmz.gg.go.kr/

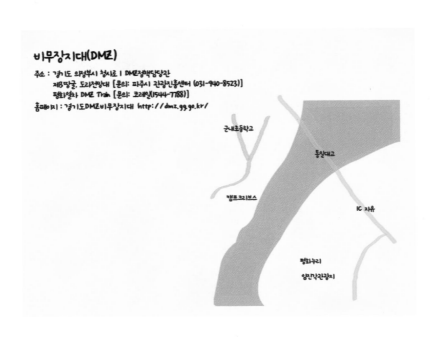

- 군내초등학교
- 통일대교
- 캠프 그리브스
- IC 자유
- 평화누리
- 임진각관광지

비무장지대(DMZ)

주소 : 경기도 의정부시 청사로 1 DMZ정책담당관
   제3땅굴, 도라전망대 [문의: 파주시 관광민통센터 (031-940-8523)]
   평화열차 DMZ Train [문의: 코레일(1544-7788)]
홈페이지 : 경기도DMZ비무장지대 http://dmz.gg.go.kr/

- 북한
- 북방한계선
- 군사분계선
- 비무장지대 (DMZ)
- 고성군
- 철원군
- 화천군
- 양구군
- 남방한계선
- 연천군
- 인제군
- 민간인통제선
- 파주시
- 남한

쌤의 경험 나누기

비무장지대와 생태보전 지역

2015년 8월 경기도 파주시 인근 남쪽 비무장지대(DMZ)에서 지뢰가 폭발해 국군 장병 2명이 다리가 절단되는 사고를 입은 것과 관련해 남북 간에 긴장이 고조되면서 민통선 내 군내초등학교 개학이 미뤄졌다는 뉴스[78]를 접했다. 군내초등학교 관사는 2채뿐이라 교직원들은 대부분 파주 인근 지역에서 출퇴근을 한다. 개학날에 학생들은 등교하지 않고 교직원만 출근했으며, 비무장지대 대성동초등학교 교직원은 개학날 인근의 한 초등학교로 출근했다.

매년 장마철이면 북쪽에서 목함 지뢰가 떠내려와 군인 등이 다치고, 북한이 핵실험을 하거나 미사일을 발사할 때마다 주민들은 긴장을 늦추지 않는 생활을 한다. 또한 2016년에는 북한의 4차 핵실험 도

---

78) KBS, 2015. 08. 24., "파주 민통선 내 군내·대성동초 개학 1~2일 연기"

발에 대응하여 남쪽에서 대북 확성기 방송을 재개하였고, 북측의 맞
대응으로 마을 주민들은 소음공해에 시달리기도 했다.

그 후 2018년 4월 27일과 5월 26일에 문재인 대통령과 김정은 국무
위원장 간의 남북정상회담이 판문점에서 열렸다.

 사진 자료

• 비무장지대 통일촌 마을 •

📖 여행 속 시와 이야기

비무장지대 −안금식[79]

멸렬한 청동새
혈맥만 솟구쳐

포성 으깨여
마파람은 여울지고

스산한 달빛
하염없이 부서지는 계곡

옛보다 더 그리운
고향 노래 부르다가

화염 방사기 불꽃 어린
내 강산 지키던
늠름한 용사들 머무른 지대

야생화는 꿈을 까실러
고향 하늘 솔바람
꽃씨를 뿌린다.

비무장지대 −서정문[80]

지금쯤 거기도 비가 내릴까
빗줄기 흔적으로 기대는 나무들
풀잎 새
검푸른 잎으로 살아남은
최후의 철조망 근방

기다리는 길목
연초록 겹겹
산자락을 두르고

바윗등걸 가까이
숨죽인 부비트랩
바라의 손끝으로
촉수를 확인하는 한낮

오늘도 거기는 비가 내릴까
무성한 풀뿌리 서로 기대며
가슴 열어 기다리는
넉넉한 완충지대

까치밥 따러 가는
빈 가슴
아직 따순 심장의 피 한 방울로
숱한 생명을 키운다

밑줄 친 지도의 허리
마르지 않는 그 여름 강물로 잠기고
눅눅한 참호에 가슴 기대어
아픔 되뇌이는 바람
그대 흘린 피와 썩은 살
하얀 들판 곳곳
지천에 깔린 엎드린 그림자

거리는 기다림의 목소리
빛나는 것의 등 뒤에서 잠이 든다.

---

79) 안금식(1938년~) 시인은 호는 안평으로 경기도 여주읍 하리 출생이다. 서울신학대에서 수학하였고, 대
  표시로는 『만추의 강』, 『여강 격전사』 등이 있다.
80) 서정문(1957년~) 시인은 경북 안동 출생으로 안동고교를 거쳐 육군사관학교 졸업하였으며, 전쟁문학상
  (2000)을 수상하였다. 시집으로 『화랑대』(1980), 『푸른 날개』(1997) 등이 있다.

1. 시인이 그려 낸 비무장지대에서 느껴지는 것은 무엇인가요? 이 시의 특별한 점은 무엇인가요?

2. GP, GOP, JSA, MDL, NLL, SLL, DMZ, CCZ, CCL은 각각 무엇인가요?

3. 비무장지대의 가치는 무엇인가요? 비무장지대가 중요한 까닭은 무엇인가요?

4. 비무장지대에는 휴전선에서 남북으로 각각 2㎞씩의 구간에 군대나 무기, 군사 시설을 설치하지 않기로 남북이 합의하였습니다. 남북한 모두가 이곳에 GP를 만들어서 무장된 인원들을 주둔시키고 있는 이유는 무엇일까요?

5. GP에 주둔한 군인들이 하는 역할은 무엇일까요? GP에서 일어난 사건, 사고에 대해 조사하고 이러한 일이 발생한 이유 및 해결 방안에 대해 토론해 보세요.

📖 경험 성찰하기

1. DMZ 지역을 대상으로 ①안보 여행 ②역사·문화 유적 여행 ③ 자연·생태 여행 ④여가·휴식 여행 등의 계획을 세워 보세요.

2. DMZ 지역의 평화누리길은 10코스로 되어 있습니다. 이 지역을 여행할 때 유의해야 할 점을 고려하여 여행 계획을 세워 보세요.

3. DMZ 지역의 자전거 여행을 위한 여행 계획을 세워 보세요.

4. DMZ에 서식·분포하는 동식물에 대해 조사해 보세요.

5. 문화 공간인 '캠프그리브스(Camp Greaves)'를 중심으로 전쟁과 분단의 역사를 조사하여 평화, 통일, 생태를 주제로 한 체험 활동 계획을 세워 보세요.

6. DMZ 여행 경험을 바탕으로 분단의 아픔과 평화의 실현을 주제로 한 시를 써 보세요.

📱 다음 여행 구상하기

1. 아래는 DMZ 관련 주변 여행지입니다. 한 곳을 선택하여 여행 계획을 세워 보세요.

- 제3땅굴
- 도라전망대
- 도라산역
- 도라산 평화공원
- 통일촌 장단콩마을

2. 우리가 기억하는 전쟁은 무엇이며, DMZ의 자연 생태계에서 얻을 수 있는 것이 무엇인지 글로 써 보세요.

3. 매년 150만 명에 달하는 실향민과 관광객이 찾는 통일전망대(강원도 고성군)와 주변 지역에 대한 여행 계획을 세워 보고, 실향민과 이산가족의 아픔을 치유해 줄 수 있는 방법이 무엇인지 생각해 보세요.

4. 다음 글을 읽고, 통일과 관련된 시를 찾아서 분류해 보고, 통일에 대한 여러분의 생각을 글로 써 보세요.

> "희망이라는 것은 원래 있다고도 할 수 없고 없다고도 할 수 없다. 그것은 마치 지상 위에 놓인 길과도 같은 것이다. 원래 지상에는 길이 없었다. 지나다니는 사람들이 많아지면 그것이 곧 길이 되는 것이다."
> – 중국 소설가 루쉰의 소설 「고향」의 마지막 문장

📖 학습 자료

- GP(Guard Post) 휴전선 감시 초소: 군사분계선(MDL)에서부터 남북으로 각각 2 km 범위에 군사충돌을 방지하기 위한 완충지대
- GOP(General Outpost) 일반전초: 군사작전 시 사용되는 전술 부대의 한 형태, 주력부대의 전방에 배치돼 적정을 관측하거나 적군의 기습에서 아군을 보호하는 부대나 진지로서 사단의 경계부대
- JSA(Joint Security Area of Panmunjeom) 공동경비구역: 비무장지대(DMZ) 내의 군사분계선(MDL)상에 있는 구역, 남한 측 행정구역은 경기도 파주시 진서면, 북한 측 행정구역은 개성직할시 판문군 판문점리
- MDL(Military Demarcation Line) 한반도 군사 분계선(휴전선 休戰

線): 한반도의 남북을 분단하여 대한민국과 조선민주주의인민공화국의 경계를 이루는 지도상의 선

- SLL(Southern Limit Line) 남방한계선, NLL(Northern Limit Line) 북방한계선: 군사분계선(MDL)을 기준으로 하여, 북쪽으로 2㎞ 떨어진 비무장지대 경계선을 '북방한계선(NLL)', 남쪽으로 2㎞ 떨어진 비무장지대 경계선을 '남방한계선(SLL)'이라고 한다. 남방한계선과 북방한계선에는 각각 240여 ㎞의 철책선이 쳐져 있다.

- DMZ(Demilitarized Zone) 비무장지대: 군사분계선(MDL)에서 남북한이 똑같이 2㎞씩 뒤로 물러난 지역

- CCZ(Civilian Control Zone) 민간인출입통제구역: 비무장지대(DMZ)의 남방한계선 남쪽 5~10 ㎞에 걸쳐 있는 민간인의 출입이 제한된 지역

- CCL(Civilian Control Line) 민통선: 보안 유지를 목적으로 남방한계선 바깥으로 5~20㎞의 보이지 않는 선을 그어 민간인의 출입을 금하는 선

- 제3땅굴: 1978년 발견, 서울까지 52㎞ 지점에 위치, 1시간에 3만 명의 병력 이동이 가능하다.

- 도라전망대: 서부전선 군사분계선 최북단에 위치한 전망대

- 도라산역: DMZ 남방한계선 700m 지점에 있는 경의선 남측 최북단 역

- 도라산 평화공원: 도라산역 옆에 있으며 파주 민통선 내 최북단에 위치한 공원이다. '통일의 숲', '연평해전 영웅의 숲', '생태연못', '전시관' 등이 있다.

- 통일촌 장단콩마을: 민통선 안 마을
- 임진각 평화누리: 서부전선 최북단의 통일안보 관광지, 임진각과 자유의 다리, 장단역 증기기관차, 망배단 등 상징적인 평화·안보 시설 설치

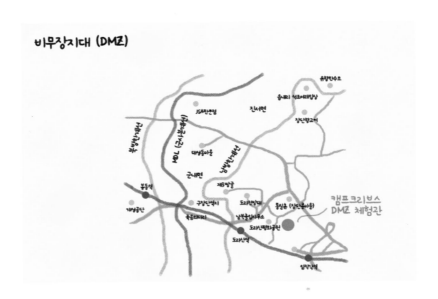

비무장지대 (DMZ)

11. 형제의 상 전쟁기념관

👀 **여행지 살펴보기**

우리 역사 중에 절대로 잊을 수 없는 그날 1950년 6월 25일 새벽, 동이 채 뜨기도 전에 한반도에 총성이 울려 퍼졌다. 북한군이 남북 군사분계선을 넘어서면서 시작된 전쟁으로 우리는 같은 민족끼리 총

부리를 겨누었다. 미국, 소련, 중국 등 많은 나라들이 한국전쟁에 개입하였고, 1953년 7월 정전협정이 될 때까지 수많은 인명 피해를 입고 이산가족이 생겨났다.

어떤 이는 6월 6일 현충일만 되면 전쟁 중에 목숨을 잃은 친할아버지를 참배하러 현충원으로 향한다. 나의 외삼촌은 한국전쟁에 참여한 후 전쟁이 끝나도록 돌아오지 않자 사망했다고 포기하고 있을 때쯤 돌아왔다고 한다. 이후 베트남 전쟁에 참여한 후, 고엽제 피해로 돌아가실 때까지 투병하며 지냈다.

이렇듯 우리 주변에 전쟁을 겪었던 세대는 아픔을 생생히 기억하며 살아가고 있고, 겪어 보지 않은 세대는 그 나름대로의 분단의 흔적을 고스란히 물려받은 채 살아가고 있다. 국제 정세의 변화와 남북한 정치권의 입장 차이로 인하여 이산가족들은 상봉할 날만 기다리다 지쳐 버렸다. 분단의 세월이 길어지면서 전쟁 1세대들은 통일된 한국을 보지 못한 채로 한 맺힌 삶을 마감하고 있다.

간혹 이산가족 상봉 장면을 텔레비전을 통해 볼 때마다 나도 모르게 눈시울을 붉힐 때가 있는데, 당사자들은 얼마나 마음이 아플지 미루어 짐작해 볼 수밖에 없다

1989년 전쟁기념사업회는 다시는 이러한 전쟁의 참극을 겪지 않도록 기념하고자 3만 5천여 평 규모의 전쟁기념관을 개관하였다. 전쟁기념관 '6·25전쟁실'에는 국군의 서울 수복 장면이 재현되어 있다. 되찾은 서울 중앙청 앞에서 태극기를 게양하고 있는 장면은 우리에게 시사하는 바가 크다. 지금 우리들이 이렇게 평온하게 지낼 수 있는 것은 나라를 위해 목숨을 걸고 싸운 사람들이 있었기에 가능한 것이리라.

정보 및 위치

전쟁기념관(戰爭紀念館, War Memorial of Korea)은 서울 용산구에 위치한 기념관으로 1994년 6월 개관하였다. 이곳은 전쟁에 관한 사건과 사적을 전시하는 곳으로, 호국의 인물, 시대별 전쟁 관련 유물, 6·25전쟁 자료, 항공기, 전차, 화포 등이 있다.

전쟁기념관

주소 : 서울 용산구 이태원로 29
홈페이지 : http://www.warmemo.or.kr (전쟁기념관)
          https://www.warmemo.or.kr/kids (전쟁기념관 어린이 박물관)

쌤의 경험 나누기

전쟁기념관에는 우리 조상들이 나라를 지키기 위해 싸워 온 기록과 유물 10,000여 점이 6개의 전시실에 전시되어 있다. 실외에는 전략폭격기, 전투기, 탱크, 미사일이 전시되어 있다.

기념관으로 들어가다 보면 눈에 띄는 조형물이 있는데, 한국군 형과 인민군 동생이 전쟁에서 만난 실화를 재현해 놓은 '형제의 상'이다. 같은 피를 나눈 형제가 서로에게 총을 겨눠야 했던 아픔이 전해 온다. 내부로 들어가는 벽면에 전투에서 전사한 국군장병 16만여 명과 3만 8천여 명의 유엔군장병 이름이 새겨진 비가 있다.

전쟁기념관은 총 3개 층으로 이루어져 있는데, 1층은 전쟁역사실로 한반도의 전쟁에 대한 역사를 한눈에 관람할 수 있다. 2층에는 6·25전쟁실, 호국추모실 이 있으며, 북한의 남침부터 정전협정까지 6·25전쟁의 모든 과정을 알기 쉽게 전시해 놓았다. 3층에는 6·25전쟁실 Ⅲ관과 기증실, 해외파병실과 '국군발전실'이 있다.

📷 **사진 자료**

· 전쟁기념관 ·

• 전쟁기념관 •

초토의 시8―적군 묘지 앞에서 ―구상[81]

오호, 여기 줄지어 누웠는 넋들은
눈도 감지 못하였겠구나.

어제까지 너희의 목숨을 겨눠
방아쇠를 당기던 우리의 그 손으로
썩어 문드러진 살덩이와 뼈를 추려
그래도 양지바른 두메를 골라
고이 파묻어 떼마저 입혔거니
죽음은 이렇듯 미움보다도 사랑보다도
더욱 신비로운 것이로다.

이곳서 나와 너희의 넋들이
돌아가야 할 고향 땅은 30리면
가로막히고

무인공산(無人空山)의 적막만이
천만 근 나의 가슴을 억누르는데

살아서는 너희가 나와
미움으로 맺혔건만
이제는 오히려 너희의
풀지 못한 원한이 나
바램 속에 깃들어 있도다.

손에 닿을 듯한 봄 하늘에
구름은 무심히도
북으로 흘러 가고
어디서 울려오는 포성(砲聲) 몇 발
나는 그만 이 은원(恩怨)의 무덤 앞에
목놓아 버린다.

---

81) 구상(具常, 1919년 9월 16일 ～ 2004년 5월 11일)은 본명은 구상준으로, 시인이자 언론인이다. 영남
일보사 주필, 서울대학교 교수 등을 지냈다.

1. 위 시를 통해 시인이 표현하고 싶었던 것은 무엇일까요?

2. 최인훈의 소설 『광장』을 읽어 봅시다. 『광장』과 구상의 「초토의 시」의 공통점과 차이점을 찾아보세요.

📖 경험 성찰하기

1. 남북 분단의 역사적 배경이 되는 사건들을 찾아서 시대순으로 정리하고, 국제적·국내적 요인에 대해 생각해 보세요.
  • 한반도 분할 점령   • 남북한 정부 수립   • 미소공동위원회 개최
  • 모스크바3국 외상회의   • 신탁통치에 대한 의견 대립

2. 북한의 남침 배경, 전쟁의 경과, 정전협정 조인까지의 과정과 민주주의와 공산주의 사회의 특징에 대해 조사해 보세요.

3. 인천상륙작전(1950년 9월 15일)의 과정과 의의에 대해 찾아보세요.

4. 영화 〈국제시장〉을 감상한 후 1·4후퇴의 상황과 중공군의 개입 그리고 1953년 7월 정전협정을 맺을 때까지 한반도의 상황을 8컷 만화로 표현해 보세요.

5. 베트남전쟁, 국제연합평화유지군 파병 관련 기록을 찾아보고, 해외 파병의 의의, 한국군의 활약상과 성과 등에 조사해 보세요.

6. 한국군의 창군에서부터 오늘날의 국군으로 발전하기까지 군사제도, 무기 및 장비, 복식과 교육훈련 모습 등에 대해 조사하고, 미래한국 군인의 모습에 대해 여러분의 생각을 글로 써 보세요.

다음 여행 구상하기

1. 국립중앙박물관 중 다음 한 곳을 선택하여 여행 계획을 세워 보세요.

- 선사·고대관   • 중·근세관   • 기증관 서화관
- 조각·공예관   • 아시아관

2. 국립중앙박물관 국보, 보물 등을 확인하고, 문화재의 종류인 국보와 보물, 사적, 명승지, 천연기념물, 무형문화재 및 민속자료 등을 조사해 보세요.

학습 자료

1. 우리나라 문화재의 종류(2019년 1월 현재)
- 국보: 보물로 지정된 문화재나 지정 가치가 높은 유형 문화재 중 문화재위원회의 심의를 거쳐 지정한다(국보 제1호 숭례문~324호까지).
- 보물: 역사, 유적 등 유형문화재 중 중요한 것을 문화재위원회의 심의를 거쳐 지정한다(보물 제1호 흥인지문~2012호까지).

- 사적: 역사적·학술적으로 높은 가치를 지닌 유적으로, 선사 시대부터 우리 역사의 발자취를 확인할 수 있는 중요한 자료(사적 제1호 포석정지~546호까지)
- 명승: 이름난 건물이 있는 지역이나 식물과 동물의 서식지, 이름난 경관이나 풍경을 볼 수 있는 곳(명승지 제1호 명주 청학동 소금강~114호까지)
- 천연기념물: 학술적으로 관상적인 가치가 높은 식물, 동물, 지질, 광물 등의 천연 자원물(천연기념물 제1호 대구 도동 측백나무 숲~554호까지)
- 국가무형문화재: 무형의 문화적 소산으로 전통음악과 무용, 연극 및 전통 놀이 등의 전통 무형 문화재를 말한다(제1호 종묘제례악~142호까지).
- 국가민속문화재: 의식주와 생업, 전통 민속과 신앙, 예능에 관한 중요한 유형 민속자료를 말한다(제1호 덕온공주 당의~296호까지).

2. 최인훈의 소설 『광장』과 구상의 「초토의 시」
- 최인훈의 소설 『광장』: 남한과 북한의 이데올로기 대립과 분단 현실에 대해 이야기한 소설로, '명준'이라는 인물에게 초점을 둠.
- 구상의 「초토의 시」: 적군의 묘지를 보면서, 분단의 현실에서 오는 민족 전체의 아픔을 형상화하고 통일에 대한 염원을 표현함.

12. 도시의 두 얼굴 꿀벌마을과 쪽방촌

한곳에서 5년 이상 근무하면 다른 지역으로 이동해야 하는데, 근무지가 집과 다소 먼 곳으로 발령이 났기에 분가를 하였다. 혼자 살기 편한 곳을 찾아 거처를 마련하고 주변을 산책하였다. 내가 사는 곳과 주변에는 높은 건물들이 들어서고 있다.

내가 사는 곳 길 건너에는 노후된 주택들이 밀집해 있고, 지난 몇 년 동안 재정비촉진사업과 재개발사업을 추진하고 있는 듯하다.

슬럼화되고 낙후된 도시 공간들을 도시 재생 사업을 통해 새롭게 단장시키려는데, 왜 골목길마다 반대 현수막이 걸려 있는 것일까?

낙후된 주거 환경을 개선하고자 골목 담벼락에 벽화를 그리기도 했지만, 그리 긍정적인 결과만을 가져오지 않았다. 삼십여 년 전 서울 도시 재개발 사업으로 한 차례 밀려와 이곳에 정착하고 있는 사람들이 사는 이곳이 또다시 재개발 사업지로 선택되었다.

오늘 내가 서서 바라보는 저 빌딩숲의 풍경은 우리나라 최고 부자 동네로 강남 판자촌 구룡 마을에서 바라보는 빌딩숲의 모습과 흡사하다.

도시가 낙후되면 주택의 원래 소유자들은 일부 세를 주거나 다른 곳으로 이동하고, 저소득층 세입자들이 거주하게 된다.

그동안 도시 재개발 사업으로 인해 다른 곳으로 이주해서 어렵게 사는 사례들을 보면서 이 지역 또한 도시 정비 사업에 대해 매우 부정적인 시각을 견지하고 있는 듯하다. 도시 개발 사업으로 인한 부작용은 저소득층의 주거 안정을 심각하게 해친다.

최근 종로에 위치한 쪽방촌에서 발생한 화재로 6명이 목숨을 잃는 사건이 발생했다.[82] 이렇게 화재 위험에 노출된 또 다른 대형 거주지는 비닐하우스로 만들어진 주거지 꿀벌마을이다.

⚜️ 정보 및 위치

종로구 돈의동 등 쪽방촌은 한 명이 누우면 딱 맞는 주거지로 화재에 매우 취약하다. 대체로 일용직 근로자, 오갈 데 없는 사람들이 머무는 쪽방으로 바뀌어 지금에 이르렀다고 한다.

'과천 꿀벌마을'은 경기도 과천시 경마공원대로 90-13에 위치한 주거용 비닐하우스가 밀집해 있는 곳이다. 1981년 서울시는 판잣집이 모여 있는 달동네 봉천동, 상계동, 미아동, 정릉, 금호동을 주거환경개선지구로 선정해 불량 주택 정비 사업을 시작했다. 이 사업으로 서울의 임대료가 폭증하면서 도시에 주거지를 마련할 수 없었던 저소득층은 서울 근교로 밀려났다. 그 당시 경마공원대로 90-13 지역은 그린벨트라 개발을 할 수 없는 땅이어서 지가가 쌌기 때문에 서울에서 밀려난 사람들은 이곳 비닐하우스에 거주하기 시작했다.

---

82) ytn, 2018.01.28.일자, "비상구도 없어요… 화재 참사 불안한 쪽방촌"

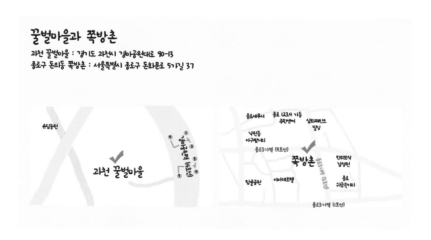

꿀벌마을과 쪽방촌

과천 꿀벌마을 : 경기도 과천시 경하공원대로 90-13
종로구 돈의동 쪽방촌 : 서울특별시 종로구 돈화문로 5가길 37

쌤의 경험 나누기

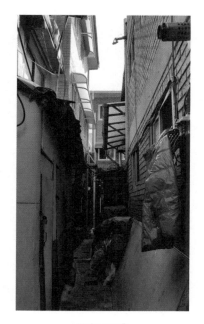

돈의동 쪽방촌

쪽방은 대개 한 사람이 누우면 딱 맞는 2평 이내의 거주지로, 노숙하기 전 도시에서 쉴 수 있는 마지막 주거지 형태이다. 서울에는 영등포역 근처, 용산 동자동, 종로 창신동, 돈의동 등에 쪽방촌이 위치하고 있다. 대개 저소득층이 거주하는데 겨울에는 연탄으로 난방을 하는 곳이 많다.

영등포는 광화문, 강남과 함께 서울 3대 도심권이다. 영등포역 앞 대로변들 사이에 위치한 쪽방촌 인근에는 아파트 단지가 다른 한쪽에는 철공소와 커피숍, 레스토랑이 존재한다.

종로3가역과 돈화문, 단성사와 피카디리 극장 바로 옆 시내 중심가 한복판에 자리하고 있는 돈의동 쪽방촌은 일용직 노동자와 노인들이 많이 살고 있다. 쪽방촌 골목 주변에는 밤이 되면 거리의 포장마차가 불을 밝히고 영업을 하며, 사람들은 일상의 회포를 풀기도 한다. 익선동은 옛 골목을 따라 한옥들이 밀집되어 있는데, 요즘 많은 관광객

· 종로3가역 3,6번 출구 사이의 낮과 밤 거리 풍경 ·

들이 붐비는 등 쪽방촌과 상반된 모습을 하고 있다.

과천 경마공원역 인근에 위치한 꿀벌마을은 비닐하우스로 만들어진 저소득층이 모여 사는 거주지이다. 꿀벌마을은 화훼단지로 조성된 비닐하우스였으나, 거주지로 활용하면서 마을을 형성하게 되었다. 겨울에는 연탄으로 난방을 하고 있다. 비닐하우스는 홀로 살아야 하는 쪽방이나 고시원보다는 비교적 공간이 넓기 때문에 가족이 함께 살고 있는 가구가 많다.

불법 주거지로 간주되는 비닐하우스촌 꿀벌마을은 행정소송을 제기한 후 2009년이 되어서야 주민등록이 가능해졌다.

📷 사진 자료

• 2019년 과천 꿀벌마을 •

• 2019년 과천 꿀벌마을 •

• 2019년 돈의동 쪽방촌 •

📖 여행 속 시와 이야기

너에게 묻는다 －안도현[83]

연탄재 함부로 발로 차지 마라
너는 누구에게 한 번이라도 뜨거운 사람이었느냐?
자신의 몸뚱아리를 다 태우며 뜨끈뜨끈한 아랫목을 만들었던
저 연탄재를 누가 발로 함부로 찰 수 있는가?
자신의 목숨을 다 버리고 이제 하얀 껍데기만 남아 있는
저 연탄재를 누가 함부로 발길질할 수 있는가?
나는 누구에게 진실로 뜨거운 사람이었던가?

---

83) 안도현은 1961년 경북 예천에서 태어났으며, 원광대 국문과와 단국대 대학원 문예창작학과를 졸업했다.
1981년 대구매일신문 신춘문예에 시 「낙동강」이, 1984년 동아일보 신춘문예에 「서울로 가는 전봉준」이
당선되어 작품 활동을 시작했다. 현재 우석대학교 문예창작과 교수로 재직 중이다.

1. 위 시를 통해 시인이 말하고자 하는 것은 무엇일까요?

2. 여기에서 '연탄재 함부로 발로 차지 마라'가 의미하는 것은 무엇일까요?

3. '누구에게 한 번이라도 뜨거운 사람이었느냐?'에 대한 평가를 자신의 경험에 비추어 한 줄로 표현해 주세요.

📖 경험 성찰하기

1. 서울에는 영등포역 근처, 용산 동자동, 종로 창신동, 돈의동 등에 쪽방촌이 위치하고 있다고 합니다. 이 중 한 곳을 선택하여 주거환경과 지원 대책을 세워 보세요.

2. 현재 돈의동 쪽방 골목에는 780개가 넘는 쪽방에서 740여 명 정도의 사람들이 살고 있다고 합니다. 이들처럼 주거환경이 열악한 사람들을 위한 지원제도를 조사해 보세요.

3. 현재 정부에서 시행하고 있는 '생계급여'와 '주거급여' 제도에 관해 조사하고 지급 대상 및 기준에 대해 조사해 보세요.

4. 도시의 열악한 지역을 주거환경개선지구로 지정해서 재개발 사업을 할 때, 우선적으로 세워야 하는 대책은 무엇인지 조사해 보세요.

5. 비닐하우스는 쪽방이나 고시원 등 다른 비주택에 견줘 비교적 주거공간이 넓기 때문에 가족이 함께 살고 있는 가구가 많습니다. 비닐하우스 거주지의 문제점과 이를 해결하기 위한 방안을 찾아보세요.

🖼 다음 여행 구상하기

1. 요즘 서울에서 가 볼 만한 장소로 새롭게 각광받는 곳은 '익선동 한옥마을'입니다. 익선동 한옥마을을 둘러보고 느낀 점과 여행지로서의 장점과 단점을 찾아보세요.

2. 청계천 주변과 광장시장 중 한 곳을 선택하여 여행 계획을 세워 보세요.

3. 다음은 종로에 위치한 고궁입니다. 다음 중 두 곳을 선택하여 여행 계획을 세우고, 궁의 특징과 건축양식 및 구조를 비교하여 보세요.
   • 경복궁   • 창덕궁   • 창경궁   • 운현궁   • 경희궁

📚 학습 자료

1. 생계급여와 주거급여
   • **생계급여**: '국민기초생활보장제도'에 의한 기초생활보장대상자(수급자)에게 현금으로 지급되는 급여로, 생계급여, 주거급여, 교육

급여, 의료급여, 장제급여, 해산급여, 자활급여 등의 급여가 제공된다. 생계급여에는 '일반생계급여', '긴급 생계급여', '조건부 생계급여' 등이 있다.[84]

• **주거급여**: 주거안정과 주거생활 향상을 위하여 일정 소득 이하의 국민에게 주거급여이다.

---

84) 네이버 지식백과 수정 인용, https://terms.naver.com/entry.nhn?docId=69125&cid=43667 &categoryId=43667

회복탄력성 강화를
위한 여행

　전망 좋은 카페에 가서 경치를 바라볼 때 참으로 평화롭고 여유롭다. 우리 동네에는 유명한 카페가 있는데 그곳에서 커피를 마시려면 항상 대기표를 받아야 한다. 어렵게 자리를 잡고 주문을 하려는데, 늘 '한입만'을 외치는 친구는 오늘도 '배가 불러서 생각이 없다'며 주문하지 않는다. 그 친구는 가끔 '외부 음식 반입'이라고 씌어 있음에도 불구하고 간식거리를 싸 오기도 한다. 굉장히 검소하고 알뜰한 품성을 지닌 친구인데, 유독 그 부분에 대해서는 이해할 수 없다. 친구들이 주문한 메뉴가 나오면 '한입만' 먹자며 입도 대기도 전에 먼저 마셔 버린다. 그 친구가 그러한 행동을 할 때마다 우리는 점원의 눈치를 보게 된다. 오늘도 '한입만'을 외치면서 먼저 마시려고 하자, 모든 친구들이 "친구야, 잠깐만! 내가 마시다가 한입만 남으면 줄게."라고 했다.

　우리가 즐거운 여행을 하기 위해서는 여행지에서 다른 사람들의 눈살을 찌푸리게 해서는 안 되며, 여행자로서 기본예절을 지켜야 한다.

여행에는 자연환경과 다양한 문화를 찾아가는 여행도 있고, 감성을 충전할 수 있는 문화전시 관람, 맛집 기행이나 레포츠를 위한 것들 중 다양한 여행이 있다. 여행의 목적에 맞게 준비해야 할 것들과 지켜야 할 것들에 대해서 점검한 후 여행을 계획해야 한다.

여행지에서 다양한 사람들의 모습을 볼 수 있다. 외국 여행 중 간혹 어떤 호텔에서는 TV나 침대, 냉장고 등 집기류 등을 쇠사슬로 묶어 놓은 것을 보게 되는 경우가 있다. 그 이유를 물어보니 도난 방지를 위한 것이라고 한다. 세계 관광지뿐만 아니라 우리나라 유명 유적지에 새겨진 낙서를 볼 수 있다. 호텔이나 펜션 또한 정원을 초과하여 투숙하는 경우가 있다.

우리가 여행을 하는 것은 바쁜 일상에서 벗어나 낯선 여행지에서 만나는 문화와 특별한 추억을 만들기 위해서이다. 따라서 우리 모두에게 힐링이 되는 여행을 하려면 여행자와 여행지 주민들이 다 함께 행복한 여행이 되어야 한다.

13. 슬로시티 전주와 북촌 한옥마을

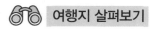 **여행지 살펴보기**

전통이 숨 쉬는 문화 체험을 하고 싶다면 한옥마을과 고택체험을 해 보라고 추천하고 싶다. 안동 하회마을과 전주 한옥마을 그리고 서울 북촌과 남촌 한옥마을을 비롯하여 경주 양동마을, 순천 낙안읍성

민속마을, 영주 선비촌 고택, 두암 고택 등 다양하다. 이러한 공간들 중에는 아직도 뿌리를 내리고 전통을 지키고 살아가는 사람들을 만날 수 있는 곳도 있으며 하룻밤 묵어갈 수도 있다.

전주 한옥마을이 많이 알려지기 전에 조카 둘과 함께 전주를 여행했다. 전통 한옥에서 묵었으며 아침도 제공해 주었는데, 마치 양반처럼 대접받는다는 느낌을 받았다. 당시에는 외국 관광객이 그리 많지 않았고, 한복 대여점도 없었다. 간단한 공예품과 적당한 가게들이 있어서 한적하게 여행할 수 있는 슬로시티여서 조카들이 매우 좋아했

· 전주 한옥마을 ·

다. 그 후 다시 찾은 전주 한옥마을은 한류 열풍과 함께 외국인 관광객들이 많았다. 전통가옥에서 하룻밤을 묵었는데, 방음이 되지 않아서인지 밤새도록 떠드는 외국인 관광객 때문에 잠을 이루지 못했다.

서울의 한옥마을은 북촌과 남촌에 있으며, 익선동에는 한옥을 카페와 음식점으로 현대화시켜서 많은 관광객들이 붐비기도 한다. 전주 한옥마을을 함께 여행한 익산과 진주에 사는 선배를 서울로 초대하여 북촌 한옥마을로 향했다.

• 북촌 한옥마을 •

• 북촌 한옥마을 벽화 •

⚙ 정보 및 위치

　　전주 한옥마을은 전라북도 전주시 완산구 교동, 풍남동 일대에 있는 700여 채의 전통 한옥으로 2010년에 슬로시티로 지정되었다. 이 마을은 일제강점기 때 일본 상인들이 성곽을 부수고 도로를 내자, 이에 대항하여 형성되었다. 조선 태조 이성계의 어진을 모신 경기전(사적 339호), 이성계가 연회를 열었던 오목대와 이목대, 천주교 순교 성지인 전동성당, 전주향교 등의 문화유적이 있다.

　　북촌 한옥마을 골목은 경복궁과 창덕궁, 종묘 사이 북악산 기슭에 있는 한옥 보존지구로, 왕족과 사대부 등 고위 관료들이 거주해 온 가옥이다. 이곳의 한옥은 기존의 한옥과 더불어 일제강점기 말부터 많이 지어졌으며, 현재 1,408여 채의 한옥이 남아 있다.

슬로시티 전주와 북촌 한옥마을
전주 한옥마을 : 전북 전주시 완산구 교동
홈페이지: http://tour.jeonju.go.kr/index.9l5?contentUid=9be517a74f72e96b014f8332ale4l45f

슬로시티 전주와 북촌 한옥마을

북촌 한옥마을: 서울 종로구 계동길 37
홈페이지: http://hanok.seoul.go.kr/

쌤의 경험 나누기

전주 한옥마을은 풍남동과 교동 일대를 포함하여 2010년 슬로시티로 지정되었고, 일제강점기 일본 상인들에 대항해 조성되었으며 경기전, 천주교의 성지 전동성당, 전주향교 등에서 우리 전통 문화를 엿볼 수 있다. 전주 한옥마을은 전통과 문화, 활기 넘치는 슬로시티로, 공연뿐만 아니라 맛있는 음식과 다양한 전통 공예 체험 등을 결합해 볼거리가 풍성한 곳이다.

2011년부터 방문하기 시작한 전주 한옥마을은 걸으면서 여행할 수 있는 곳이다. 전동성당은 1914년에 완공된 천주교 성지로 로마네스크와 비잔틴 양식으로 지어졌다. 경기전 서문 쪽으로 나오면, 경기전 담장과 전동성당이 어우러진 풍경에서 조선의 600년 시간이 한 프레임에 담긴 느낌이 든다. 태조로와 경기전, 북쪽의 어진길, 남쪽의 향교길 등을 선택하여 걷다 보면 『혼불』의 최명희문학관, 카메라박물관 등을 볼 수 있다.

북촌한옥길은 종로구 가회동과 삼청동에 조성되어 있는 전통 한옥 거주 지역으로 경복궁과 창덕궁 그리고 종묘 사이에 자리하고 있다. 청계천과 종로의 윗동네는 '북촌', 아래쪽에 있는 동네는 '남촌'이라고 불리었으며, 현재 남촌은 남산 기슭에 남아 있다. 북촌 꼭대기에서 인왕산 자락이 보이며 청와대가 눈에 들어온다. 특히 가회동 일대의 길은 서울에서 한옥이 가장 잘 보존된 길 중의 하나여서 많은 사람들이 방문하고 있다.

최근 한류 열풍과 함께 외국인 관광객들뿐만 아니라 우리나라 사람들도 많이 찾으면서 주변의 소음과 쓰레기 문제가 심각하다. 갑자기 인기 있는 관광지로 떠오른 북촌 한옥마을에서는 몰려드는 관광객에

대한 불만이 쌓여 거주민들이 현수막을 내걸기도 하였다. 골목에 공공화장실이 없다 보니 골목에 용변을 보는 사람들이 더러 있으며, 예고도 없이 대문을 불쑥 열어 보기 일쑤로, 지역 주민들의 피로도가 매우 심각하다.

• 전주 한옥마을 •

📷 사진 자료

• 북촌 한옥마을 •

• 북촌 한옥마을 •

여행 속 시와 이야기

전주의 봄 −신찬균[85]

천년역사에 이끼 긴
南固山(남고산)의 성돌 위로
봄은 南道(남도)가락에 흔들려
꽃잎처럼 흩어지고
고덕산(高德山)의 흰꽃은
아직도 잔설(殘雪)이다
… 생략…

십년을 경영하여 −송순[86]

十年(십년)을 經營(경영)ᄒ여 草廬三間(초려삼간) 지여내니
나 ᄒ간 둘 ᄒ간에 淸風(청풍) ᄒ간 맛져 두고
江山(강산)은 들일 듸 업스니 둘러 두고 보리라

1. 「전주의 봄」을 통해 시인이 말하고자 한 것은 무엇일까요?

2. 위 시조를 현대어로 해석해 보세요. 시조를 통해 시인이 말하고자 하는 것은 무엇일까요?

3. 송순은 안분지족과 안빈낙도를 주제로 한 시를 많이 남겼습니다. 윤선도의 「만흥」, 박인로의 「누항사」를 찾아보고 공통점을 찾아보세요.

---

85) 신찬균(2937~2006)은 전북 출생으로 신문인이자 시인이다.
86) 송순[1493(성종 24)~1582(선조 15)]은 조선 중기의 문신으로, 호는 기촌(企村) 또는 면앙정(俛仰亭)
이다. 중종 때 김안로가 득세하게 되자 귀향하여 면앙정을 짓고 유유자적하며 많은 시조, 가사, 국문시가
를 남겼다

📖 경험 성찰하기

1. 다음은 우리나라의 대표적인 한옥마을과 한옥 종택입니다. 이 중 한 곳을 선택하고 주제를 정하여 여행 계획을 세워 보세요.
   - 한옥마을: 서울 북촌, 남촌, 익선동, 전주한옥마을
   - 민속마을: 경주 양동마을, 순천 낙안읍성민속마을
   - 한옥고택: 영주 선비촌, 두암 고택 등

2. 각 지역의 한옥마을에는 그 지역 주민들이 실제로 생활하고 있습니다. 이들 지역을 관광지역으로 지정할 때 우선적으로 지원해야 하는 정책 및 대책 등을 조사해 보세요.

3. 한옥마을이나 고택 등을 여행할 때 꼭 지켜야 할 예절 지침서를 만들어 보고, 친구들과 함께 여행 계획을 세워 보세요.

함께 만드는 여행 예절 지침서		
상황1	상황2	상황3

📱 다음 여행 구상하기

1. 다음 전주에 위치한 전통시장과 예술인마을 중 한 곳을 선택하여 여행 계획을 세워 보세요.

- 남부시장
- 청년몰
- 야시장(매주 금·토요일 오후 6시)
- 자만벽화마을
- 서학동예술인마을

2. 다음 서울 중심에 위치한 고궁 및 여행지 중 한 곳을 선택하여 여행 계획을 세우고 여행 지도를 만들어 보세요.
- 경복궁
- 창덕궁
- 창경궁
- 종묘
- 인사동
- 피마길
- 청계천

📖 **학습 자료**

- 송순의 「면앙정가」
- 윤선도의 「만흥」
- 박인로의 「누항사」

14. 눈과 입이 즐거운 커피거리와 시장

🔭 **여행지 살펴보기**

2017년 5월 청와대 뜰에서 대통령과 비서관들이 손에 테이크아웃 커피잔을 들고 산책을 하였다. 2019년 1월에는 대통령과 재벌 그룹 총수들이 일회용 대신 텀블러를 들고 담소를 나누는 모습을 보게 되었다. 커피가 생산되지 않는 우리나라에서는 언제부터 커피가 일상화

되었을까? 끼니를 걸러도 커피는 꼭 마신다는 사람들이 늘어나고 있는데, 우리나라 사람들은 커피를 몇 잔이나 마실까? 내가 오늘 하루 마신 커피는 총 몇 잔일까?

『서유견문』에서 유길준[87]은 서양인들은 우리가 숭늉을 마시듯 커피를 마신다고 하였다. 고종 황제는 러시아 공사관의 소개로 커피를 접했다고 전해진다. 개화 이후 커피는 명동이나 종로의 '다방'에서 팔았으며, 대체로 문인들이 많이 이용하였다. 해방 이후 미군들에 의해서 보급되었는데, 공부할 때 잠 안 오게 하는 약으로 쓰였다고 한다. 1970년 대 후반에 세계 최초로 커피 믹스가 등장했고, 1999년 이화여대 앞에서 최초로 스타벅스가 문을 열었다. 이것은 기존의 다방문화와는 차별화되는 것이었으며, 젊은 층들이 애용하였고, 지금은 한 집

---

87) 유길준(1856~1914)은 조선 말기의 개화사상가이며, 최초로 일본과 미국에서 국비로 공부하였으며, 미국과 유럽, 아시아의 여러 나라를 돌아보고 『서유견문』을 집필하였다.

걸러 다양한 커피 브랜드의 커피숍들이 생겨났다.

커피 애호가들이 많아지면서 커피 거리가 생기기도 하였다. 처음에는 볶은 커피를 수입해서 팔았는데, 신선도나 맛의 풍미가 떨어졌다. 사람들의 입맛이 고급화되면서 커피 로스팅과 유통 과정에 대해 관심을 갖게 되었다. 우리가 무심코 마시는 한 잔의 커피에는 아동노동의 아픔이 묻어 있다. 또한 커피값 중 커피 생산자에게 돌아가는 몫은 턱없이 낮다.

커피는 로스팅 하기 전의 열매를 생두, 로스팅한 열매를 원두라고 한다. 커피는 볶는 과정인 로스팅에서 맛이 달라지기 때문에 우리나라 사람들도 이제 로스팅에 관심을 갖게 되었다. 또한 커피의 유통 과정에서 중간 상인의 개입을 줄여 유통 비용을 낮추고, 커피 생산을 하는 개발도상국과 후진국 노동자들의 착취와 빈곤을 해소하는 공정 무역에도 눈을 뜨게 되었다.

🕑 정보 및 위치

'강릉 커피거리'는 안목 해변을 앞에 두고 다양한 커피숍들이 형성되어 있다. 매년 커피 축제를 개최하며, 커피 박물관, 커피 거리, 커피 공장, 바리스타 아카데미 등 다양한 커피 콘텐츠를 구축하고 있다.

'남대문시장'은 남대문 동쪽에 위치한 종합시장으로 주변 상가까지 포함해 총 58개동, 9,265개의 점포가 있으며, 하루 이용객은 평균 45~50만 명에 이른다고 한다.

'동대문종합시장'은 원단, 의류부자재, 액세서리를 비롯하여 최신 혼수 용품의 도소매까지, 패션 토탈 쇼핑몰로 3개동 7층으로 이루어져 있으며 매장수는 4천3백여 개, 종사자수는 5만여 명에 이른다.

커피거리와 시장

커피거리 : 강원 강릉시 창해로 17
홈페이지: http://ggcoffeestreet.modoo.at/

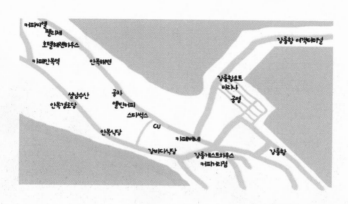

커피거리와 시장

남대문시장 - 서울 중구 남대문시장4길 21
홈페이지: http://namdaemunmarket.co.kr/

동대문시장 - 서울 종로구 종로 266
홈페이지: http://www.ddm-mall.com/

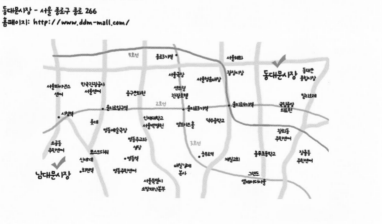

  강릉 안목 해변으로 가면 동해 바다가 펼쳐져 있고 커피거리가 형성되어 있다. 어떤 카페는 2층 테라스에 앉아 가족들끼리, 친구들이나 연인끼리 함께 바다를 보면서 커피를 마실 수 있다. 까페에는 주로 커피를 마시러 가는데, 강릉 커피거리의 한 커피숍에서는 커피보다는 풍경이 먼저 눈에 들어온다.

  강릉을 커피 도시로 만든 것은 어느 한 커피 바리스타의 노력에 의한 것이라고 한다. 그분이 하는 커피 공장이 널리 알려지면서 강릉을 찾는 사람들이 많아졌고 하나둘씩 커피 가게가 생기면서 자연스럽게 커피 거리가 형성된 것이다.

  이곳에도 젠트리피케이션 현상[88]이 나타날까 봐 염려스럽다. 상대

---

88) 젠트리피케이션(gentrification)이란 낙후되었던 구도심 지역이 활성화되면서 기존의 저소득층 주민들이 높은 주거비용을 감당하지 못하여 결과적으로 살던 곳에서 쫓겨나는 현상을 말한다.

적으로 노후된 도심지는 임대료가 낮기 때문에 소상공인들이 많으며, 개성 있는 가게들을 운영하여 입소문이 나면서 관광객들이 많아진다. 그 후 건물소유주들은 임대료를 올리면서, 높은 임대료를 감당하지 못하는 가게 주인들은 떠나게 되고 대기업 프렌차이즈만 남게 된다. 2000년대 초 삼청동의 예쁜 길에는 카페와 독창적인 가게들이 많았었다. 그런데 몇 년 후 예전에 보았던 그 가게들은 보이지 않았고 정형화되고 규격화된 가게들만 남아 있었다. 우리나라에는 왜 백 년을 이어 오는 가게가 없을까?

2010년대 서울의 예쁜 상점이 많은 동네를 꼽으라면 경리단길, 연남동, 서촌, 이태원 등이 대표적이었다. 지방에는 경주의 황리단길 또한 새롭게 떠오르고 있다. 그러나 이곳에서도 갑작스런 임대료 상승을 견디지 못하고 떠나는 사람들이 많다. 낙후된 도심지를 새롭게 단장해 상권을 형성하고 부가가치를 높였던 원주민들은 임대료를 감당하지 못하고 떠나는 이러한 현상을 보면서 우리는 어떻게 사는 것이 옳은 일인지 진지하게 생각해 보게 된다.

　도심지에서 빼놓을 수 없는 꼭 들러야 할 곳이 시장이며, 각 지역마다 자리하고 있는 재래시장은 우리에게 많은 볼거리와 먹을거리를 저렴하게 제공한다. 서울에도 오래된 시장이 많은데 그중에서도 많은 사람들이 찾는 곳은 남대문시장과 동대문시장이다. 남대문 시장에는 갈치조림이 유명하고, 도가니탕과 꼬리찜, 해가 지면 골목에 나타나는 포장마차가 정겹다. 광화문 쪽 청계천을 따라 한참을 걷다 보면 만날 수 있는 광장시장은 요즘 제일 핫한 장소이다. 밤이면 휘황찬란하게 불을 밝히며 전을 굽는 부침개 골목과 마약 김밥, 그 사이에 보이는 육횟집이 유명하다. 서울 여행을 계획하고 있다면 반드시 둘러봐야 할 곳이 시장이다.

 사진 자료

· 강릉 안목해변 ·

• 강릉 커피거리 •

• 남대문시장 •

• 동대문 종합시장 •

• 광장시장 •

📖 여행 속 시와 노래 이야기

커피 한 잔 −작사·작곡 신중현[89]

커피 한 잔을 시켜 놓고 그대 올 때를 기다려 봐도
웬일인지 오지를 않네 내 속을 태우는구려~
… 〈후략〉 …

화인사다(和人謝茶) −의천[90]

이슬 내린 봄동산에서 무엇을 구할 건가
달밤에 차 끓이며 속세 근심 잊을까나
가벼워진 몸은 三洞 유람도 힘들지 않고
상쾌한 골격 잠깐 사이 가을 구월 되었네
… 〈후략〉 …

1. 〈커피 한 잔〉 노래의 중략된 부분을 자신의 이야기를 넣어서 가
사로 써 보세요.

---

89) 신중현(1938년~)은 우리나라의 대표적인 록 음악을 하는 싱어송라이터이자 기타리스트로, 대표곡은 〈빗
속의 여인〉, 〈커피 한 잔〉, 〈미인〉, 〈봄비〉, 〈님은 먼 곳에〉, 〈꽃잎〉 등이 있다.
90) 대각국사인 의천(1055~1101)은 고려 중기 왕족 출신의 승려이다. 불교를 정비하고 『교장(教藏)』을 간
행하였으며, 천태종을 세워 교단의 통일과 국가 발전을 도모하였다.

2. '인생과 커피'를 주제로 한 시를 찾아 읽고 한 줄 소감 평을 써 보세요.

3. 의천의 시조가 의미하는 것은 무엇일까요? 중략된 부분을 이어서 3줄 시로 써 보세요.

📖 **경험 성찰하기**

1. 방문 가능한 지역의 커피 박물관을 찾아 여행 계획을 세우고, 커피의 종류와 커피가 만들어지는 과정을 살펴보세요.

2. 커피 원산지에는 커피 산지의 굶주림과 아동노동 등 커피 한 잔에 감춰진 이야기들이 많습니다. 커피 생산지에서 우리가 마실 때까지의 경로를 알아 가면서 윤리적인 문제를 찾아보세요.

3. 남대문 시장과 동대문 시장 그리고 광장시장 중 한 곳을 선택하여 주제를 정하고 그에 맞는 여행 계획을 세워 보세요.

4. 살던, 들어온, 쫓겨난 사람들로 채워진 거대 도시 서울의 젠트리피케이션 현황과 실태를 파악하고 윤리적인 문제와 이를 해결할 수 있는 방안을 찾아보세요.

📱 다음 여행 구상하기

1. 다음은 외국인 많이 거주하고 있는 지역입니다. 이 중 한 곳을 선택하여 형성 배경과 경관을 찾아 여행 계획을 세워 보세요.
  - 이태원 외국인 거리 • 안산 원곡동 국경 없는 거리
  - 인천 차이나타운

2. 서울 성곽길을 찾아보고 구간을 정하여 여행 계획을 세워 보세요.

3. 우리가 마시는 한 잔의 커피가 생산되는 과정과 커피의 종류, 추출 방법에 대해 알아보고 그와 관련 직업에 대해 알아보세요.

4. 커피와 더불어 많이 음용하고 있는 차의 종류 및 명칭 그리고 차를 마시는 예절인 다례(茶禮)와 다도(茶道)에 대해 알아보세요.

📖 학습 자료

1. 커피의 종류와 추출 방법
- **커피 공정 과정:**
  → 로스팅(roasting, 배전) → 그라인딩(grinding, 분쇄) → 추출(brewing)
- **커피의 종류:** 아라비카(arabicas), 로부스타(robustas), 리베리카(libericas) → 아라비카종(70% 생산), 로부스타종(30% 생산), 리베리카종(2~3% 생산)

- 커피 추출: 로스팅한 원두를 분쇄하여 물을 사용해 뽑아내는 것.
  - 달임법: 물과 커피가루를 넣고 끓인 후 커피가루가 가라앉은 후에 추출
  - 우려내기: 물과 커피가루를 넣고 커피 성분이 용해되기를 기다린 후 추출
  - 여과법: 여과지에 커피가루를 넣고 그 위에 뜨거운 물을 부어 밑의 용기에 떨어 뜨려 추출하는 방법(커피메이커, 핸드드립, 워터드립)
  - 가압추출법: 커피가루에 뜨거운 물을 압력을 가해 통과시켜 추출[모카포트, 에스프레소(Espresso)]

2. 다도(茶道)와 차[茶]의 종류

- 차[茶]란? 차나무의 어린 싹이나 잎을 덖거나 쪄서 만든 것, 그것을 따뜻한 물로 우린 것
- 다례(茶禮)란? 차를 마시는 것을 중점으로 하는 예의범절, 즉 예(禮)나 몸가짐 그리고 차와의 조화를 중심으로 한 분위기와 지식 등을 일컬음
- 다도(茶道)란? 찻잎 따기부터 시작하여 달여 마시기까지의 다사(茶事)로써 몸과 마음을 수련하여 덕을 쌓는 행위
- 차[茶]의 효능

- 심신의 피로 회복 효과	- 변비 예방 효과
- 성인병 예방 효과	- 숙취 제거 효과
- 살균 작용 및 항바이러스 작용	- 충치 예방 효과
- 해독 작용	- 탈취 효과
- 항노화 작용 효과	- 감기 예방 효과

• 찻상 배열

　－팽주: 차를 내는 주인을 말하며, 얻어 마시는 손님을 '팽객'이라

　　한다.

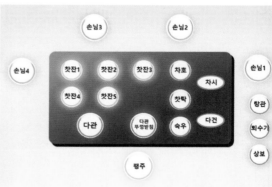

• 차[茶]의 분류 및 명칭

분류	명칭		
발효정도	불발효차	녹차	덖음차
			증제차
	반발효차	우롱차	경발효차
			중발효차
	발효차	홍차	
	후발효차	보이차	
제다방법	• 덖음차: 찻잎을 변형시키지 않고 그대로 가마에 덖는 차 • 증제차: 증기에 익혀 말린 차 • 일쇄차: 햇볕에 말린 차		
형태 (상품화된 차의 모양)	• 엽차(잎차) : 녹차(綠茶), 오룡차(烏龍茶) • 말차(가루차) : 가루로 된 분말 형태의 차 • 단차(덩어리차) : 돈차, 떡차, 타차, 벽돌차		

시기 · 계절 (차잎 채취시기, 계절)	• 우전차(雨前茶) : 곡우(穀雨 양력 4월 20일~21일) 이전 • 우후차(雨後茶) : 곡우 이후 • 입하차(立夏茶) : 입하(양력 5월 6일~8일경) • 매차(梅 茶) : 망종(芒種 양력6월 5일~7일경) • 추차(秋 茶) : 입추(立秋 양력8월 8일~10일경)
지역 · 공장 · 생산지 (제조자, 산지공장)	• 감로차, 반야차, 해탈차 : 스님들이 만든 차 • 죽로차 : 대나무 숲속에서 자란 차 • 설록차 : '태평양'에서 생산 • 작설차 : '쌍계제다'에서 생산 • 옥로차 : '화개제다'에서 생산 • 작설차 : '한국제다'에서 생산 • 유비차 : '동양다예'에서 생산 • 봉로차 : '대한다업'에서 생산 • 운상차 : '지리산제다'에서 생산 • 죽로차 : '조태연가'에서 생산

15. 관조의 눈 템플스테이

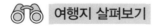 **여행지 살펴보기**

켄 윌버(Ken Wilber)는 세상을 바라보는 눈을 감각의 눈[肉眼], 이성의
눈[心眼], 관조의 눈[靈眼][91]으로 나눈다. 그에 따르면, 사물을 인지하
는 것은 감각의 눈을 통해서이고, 대상을 인식하는 것은 이성의 눈을
통해서이며, 수행이나 명상 등 종교적인 체험을 하는 것은 관조의 눈

---

91) 『금강경』에서 말하는 오안(五眼)은 사물을 인지하는 눈으로, 육안, 천안, 혜안, 법안, 불안을 말한다.

을 통해서이다.[92] 예를 들어 피카소의 그림 〈게르니카〉를 감상할 때 감각의 눈은 그림의 화폭, 물감, 제작 방식, 채도, 명도 등을 인지하게 해 주며, 이성의 눈은 그림이 그려진 역사적 배경을 인식하게 해 주고, 관조의 눈은 그림에 등장하는 사람들의 정신적 심리적 상태를 깨닫게 해 준다.[93]

우리는 여행을 통해 삶의 소중함, 마음의 평화에 대해서 생각해 볼 수 있다. 나아가 삶과 죽음에 대한 성찰, 인간 삶의 유한성에 대한 각성, 인간의 고통의 원인에 대한 의문 등을 경험해 보기도 한다. 누군가를 미워하는 마음이 생길 때 용서하는 방법은 무엇인가? 어떻게 하면 내 마음을 다스릴 수 있을까?

바쁜 일상을 벗어나 진정한 행복을 찾는 시간을 갖고 싶다면 템플스테이를 신청해 보는 것도 좋다. 불교 신자가 아니더라도 고요한 산사에서 자연의 숨결을 느낄 수 있을 것이다. 템플스테이 프로그램으로는 당일형, 체험형, 휴식형이 있으므로 자신의 상황에 맞게 선택하면 된다.

가톨릭 신자들은 피정 프로그램을 선택해 볼 수 있다. 프로그램 중

---

92) '의식의 스펙트럼과 자아초월'에 대한 토론, 켄 윌버 저, 조효남 역, 『감각과 영혼의 만남』(범양사, 2007.), 켄 윌버 저, 정창영, 『켄 윌버의 통합비전 : 삶, 종교, 우주, 그리고 모든 것에 대한 혁명적인 통합 접근법』(김영사, 2014).

93) 피카소가 그린 〈게르니카〉라는 작품은 스페인 내전을 배경으로 하고 있다. 이 내전은 같은 민족끼리 총을 겨누었던 전쟁으로서, 프랑코를 중심으로 한 파시즘파와 그에 대항하는 공화파 사이의 싸움이었다. 파시즘파인 프랑코를 지원했던 독일 군인들이 바스크 지방의 작은 마을인 게르니카에 폭탄을 퍼부었다. 이 폭격으로 마을 전체 가옥의 80%가 파괴되고 민간인 1,500여 명이 학살당했다. 이 사건은 스페인 내전 최대의 비극이었고 민간인들을 향한 최초의 무차별 폭격이었다. 군사 도시도 아닌 게르니카에 대한 폭격은 나치 독일이 자신들이 개발한 비행기와 폭탄의 성능을 실험해 보기 위한 것이었다. 피카소는 52개국이 참가하게 될 만국박람회장에 작품을 출시하려고 하던 중 신문을 통해 조국의 참혹한 소식을 접하게 되었다. 피카소는 이 작품에서 전쟁의 참혹함과 공포를 고발하고 있다. 이후 이 그림은 세계 곳곳에 전쟁의 잔인함을 알리는 데 크게 공헌하였다. 러셀 마틴 지음, 이종인 옮김, 『게르니카, 피카소의 전쟁』(무우수, 2004.).

에는 교도소, 양로원, 공동묘지, 사찰 등 평소에 쉽게 접할 수 없는 곳에 실제로 가 보고 체험해 볼 수 있는 것도 있다. 교회에서는 수련회를 통해 묵상과 찬양 기도, 생각할 수 있는 기회를 가짐으로써 자신의 존재 이유를 스스로 찾아갈 수 있다. 이렇게 자신에게 맞는 프로그램을 찾아 체험해 봄으로써 한 단계 성장하는 계기가 될 것이다.

🌑 정보 및 위치

'템플스테이(Temple Stay)'란 전통사찰에서 한국 불교의 전통 문화와 수행법을 체험해 보는 것이다. 참선 수행을 통해 깨달음을 얻는 간화선 수행 방법을 택하며, 사찰에 머무는 것만으로도 심신의 안정과 평화를 느끼게 된다.

'피정(避靜, retreat)'은 가톨릭 신자들이 일정 기간 종교적 수련을 할 수 있는 조용한 곳으로 물러나 묵상, 성찰, 기도 등을 하는 것이다. 피정의 장소로는 성당이나 수도원 또는 피정의 집 등이 이용된다.

'수련회(修練會, a conference to training)'는 기독교 성도들이 성경의 가르침에 입각해 훈련함으로써 신앙 성숙을 위해 심신을 수련하기 위한 모임이다. 주로 교회를 떠나 기도원이나 자연 속에 이루어진다.

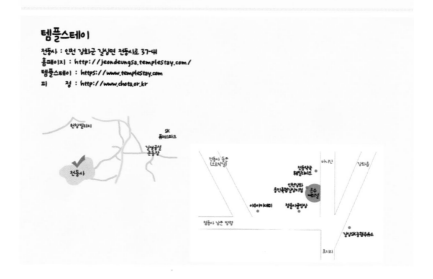

템플스테이
전등사 : 인천 강화군 길상면 전등사로 37-41
홈페이지 : http://jeondeungsa.templestay.com/
템플스테이 : https://www.templestay.com
피   정 : http://www.chota.or.kr

불교의 템플스테이는 사찰을 둘러보고, 참선과 명상을 통해 몸의 깨달음을 얻게 한다. 또한 다도를 통해 승려와 담소를 나누면서 지친 몸과 마음을 잠시 쉬어 갈 수 있다. 발우공양[94]을 통해 한 끼의 식사가 우리의 식탁에 오르기까지 수고를 해 주는 모든 사람들에게 고마움을 표시하고, 수행자들의 식사법을 체험하면서 자연에 대한 감사함과 절약 정신을 느낄 수 있다. 어둠이 채 걷히기 전 고요한 산사를 깨우는 범종 소리와 예불을 통해 하루의 시작을 알린다. 몸과 마음을 다스리는 절 수행의 108배를 통해 자신의 잘못을 반성해 보는 시간을 갖기도 한다. 연등을 만들면서 진흙 속에서도 더러움에 물들지 않고 아름답고 깨끗하게 피어나는 연꽃을 생각해 볼 수 있다.

가톨릭에서 수행하고 있는 피정 프로그램은 자신의 삶과 영성을 되돌아보게 해 준다. 피정을 통해 자신의 내적 상처를 치유하고 자기중심적인 세계에서 벗어나 이웃의 삶을 체험하면서 좀 더 깊이 이해할 수 있다. 또한 자신의 태도를 돌아보며 그것을 바르게 이해하고 활용하는 능력을 기른다. '나는 누구인가?', '어떻게 사는 것이 잘 사는 것인가?'를 묻는 사람들에게 묵상과 찬양 그리고 마음 메아리 듣기 등을 통해 자신을 되돌아볼 수 있다.

---

94) 발우공양이란 사찰에서 사용하는 승려들이 사용하는 전통식기 발우를 이용하여 전통적인 의식에 따라 식사하는 것을 말한다.

📷 사진 자료

• 강화도 전등사 •

강화도 정수사

오대산 월정사

오대산 상원사

나바위 성당 피정의 집

교회 수련회

교회 수련회

승무 -조지훈[95]

얇은 사(紗) 하이얀 고깔은
고이 접어서 나빌레라.

파르라니 깎은 머리
박사(薄紗) 고깔에 감추오고.

두 볼에 흐르는 빛이
정작으로 고와서 서러워라.

빈 대(臺)에 황촉(黃燭)불이 말없이 녹는 밤에
오동잎 잎새마다 달이 지는데.

소매는 길어서 하늘은 넓고
돌아설 듯 날아가며 사뿐히 접어 올린 외씨보선이여!

까만 눈동자 살포시 들어
먼 하늘 한 개 별빛에 모두오고.

복사꽃 고운 뺨에 아롱질 듯 두 방울이야
세사(世事)에 시달려도 번뇌(煩惱)는 별빛이라.

휘어져 감기우고 다시 접어 뻗는 손이
깊은 마음 속 거룩한 합장인 양하고

이 밤사 귀또리도 지새는 삼경(三更)인데.
얇은 사(紗) 하이얀 고깔은 고이 접어서 나빌레라.

1. 시인이 「승무」를 통해 표현하고자 한 것은 무엇일까요?

2. 시의 형식 및 표현상 특징을 분석해 보세요.

---

95) 조지훈(1920~1968)은 국문학자로 청록파 시인 가운데 한 사람이며, 대표작은 「낙화(落花)」, 「승무」 등이다. 「승무」는 1939년 「문장」에 발표된 뒤 1946년 수정을 거쳐 「청록집」에 수록되었다.

3. 다음은 수녀 이해인의 시 「민들레 영토」의 첫 구절입니다. 다음 부분을 찾아보고, 「승무」와 비교해 보세요.

기도는 나의 음악
가슴 한복판에 꽂아 놓은
사랑은 단 하나의
성스러운 깃발
〈후략〉

📖 경험 성찰하기

1. 다음은 종교와 관련된 곳을 찾아 떠나는 여행 방법입니다. 자신이 원하는 여행 방법과 방문하고 싶은 지역을 찾아 여행 계획을 세워 보세요.

• 템플스테이   • 피정   • 교회 수련회   • 기타
(여행 종류, 여행 방법과 경로, 교통수단 등을 고려)

2. 사찰에서는 수행에 장애가 되는 음식을 계율로 금지합니다. 육류, 술, 오신채(파, 마늘, 달래, 부추, 흥거)는 사용하지 않는데, 여러분은 금지 음식에 대해 어떻게 생각하나요? 금지 음식을 제외하여 만든 사찰 음식에 대해 조사해 보세요.

3. 지속 가능한 관광인증 제도란 어떤 제도이며 현재 시행하고 있는 나라들이 어떤 나라들인지 찾아보고 여행 계획을 세워 보세요.

🖼️ 다음 여행 구상하기

1. 산림청의 국립자연휴양림관리소 홈페이지를 찾아보고, 방문하고 싶은 지역의 휴양림 한 곳을 선택하여 여행 계획을 세워 보세요.

2. 다음 봉사 여행지 한 곳을 선택하여 여행 계획을 세워 보세요.

- 동물구조활동
- 농장 일손 돕기
- 장애인 재활 센터
- 자연 복원 활동

3. 봉사여행이 가능한 단체를 찾아서 활동 내용을 찾아본 후, 가고 싶은 나라 한 곳을 골라 봉사 여행을 계획하여 보세요.

📚 학습 자료

- 산림청 국립자연휴양림관리소 www.huyang.go.kr
- 국제 워크 캠프 www.workcamp.org
- 해비타트 한국 지부 www.habitat.or.kr
- 한국 국제 협력단 www.koica.go.kr
- 지속 가능한 인증 제도: 여행자들이 이용하는 숙박 시설, 음식점, 관광 시설, 여행사 등을 대상으로 환경 및 기반 시설, 서비스 등을 평가하여 등급을 매기는 제도

보다 나은 세상을
설계하는 여행

얼마나 많은 사람들이 여행을 통하여 먹고 살아가고 있을까? 대부분의 사람들은 비용을 지불하면서 다니지만 업무상 다니는 여행자도 있을 것이다. 여행 가이드들은 "누구는 돈 주고 구경 다니는데, 우리는 돈 벌고 구경 다닌다."라고 말하기도 한다. 그러나 그들도 업무상 여행자를 인솔하면서 받는 스트레스를 풀기 위해 따로 여행을 한다고 했다.

해외여행이 자유화되면서 1990년에 나는 처음으로 해외여행을 하게 되었다. 가깝고도 먼 나라 일본에서 나의 첫 해외여행이 시작되었다. 지금처럼 해외여행에 대한 정보가 많지 않았기에 처음부터 시행착오의 연속이었다. 당시에는 비행기표 예약 후 탑승 3일 전에 반드시 다시 확인 예약을 해야 했다. 인터넷이 발달되지 않았던 터라 항공사에 직접 방문해서 예약 확인을 해야 했고, 항공사 지점을 찾으려 많이 헤맸었다. 길을 물었지만 말이 잘 통하지 않아 헤매자 길을 가르쳐 주던 그 사람은 직접 항공사 지점까지 친절하게 데려다주고 다시 오던 길로 되돌아갔다. 그때의 고마움을 다시는 잊지 못한다.

　교통비를 절약하기 위해 레일 패스를 사고 숙박은 회원 가입을 해서 유스호스텔에 머무르기로 했다. 대체로 일본의 유스호스텔은 도시 외곽에 위치하고 있었다. 하루는 초행길이고 찾기 어려운 곳에 위치한 호텔을 찾지 못해 다른 숙박업소로 가야만 했다. 저렴한 숙박업체를 찾다 보니 캡슐호텔에 가게 되었는데, 그동안 우리가 생각했던 곳은 아니었다. 캡슐을 단면으로 자른 듯한 모양으로 여닫이문을 달아서 출입하게 되어 있었으며 2층으로 되어 있었다. 넓은 홀에 설치된 캡슐들은 남녀 공간으로 분리되어 있지도 않았다. 특히 캡슐 안에는 잠근 고리도 없어서 룸 형태의 방으로 변경했다. 더구나 같이 간 친구가 갑자기 아파서 어찌할 바를 몰라 밤새 차가운 수건을 이마에 얹어 줄 수밖에 없었다. 해외에 나가면서 비상약을 준비해야 할 줄을 몰랐고, 음식이 입에 맞지 않아서 일주일 내내 우동만 먹었을 뿐이었다. 여행뿐만 아니라 모든 삶이 '아는 만큼 보이고 준비한 만큼 얻을 수 있다는 것'을 뼈저리게 느끼게 해 준 나의 첫 해외여행 경험이다.

　최근 여행은 다양한 형태로 변화하고 있는데, 익스트림 체험이나 현지의 실제 생활을 직접 체험하는 여행이 늘고 있다. 또한 윤리적인 소비 성향이 확산되면서 공정 여행이나 대안 여행을 추구하거나 요가나 명상 및 종교 체험을 통한 치유를 위한 여행이 확산되고 있다.

16. 한민족의 시원 바이칼 호수

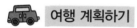 **여행 계획하기**

    해외여행은 크게 단체로 하는 패키지여행과 자유여행으로 나눌 수 있다. 패키지여행은 여행 장소와 음식 그리고 교통 등 모든 일정을 여행사에서 진행하는 반면 자유여행의 경우 자신이 계획해야 한다. 패키지여행은 수학여행이나 답사처럼 일정이 빠듯할 수 있으며 다른 일행과 호흡도 맞춰야 하고 중간에 원하지 않는 쇼핑이나 선택 관광을 해야 한다. 그러나 교통수단이 편리하고 예약이나 일정을 신경 쓰지 않아도 되니 여행 계획을 짤 시간이 없는 사람에게는 편리하다. 또한 다양한 사람들과 여행을 하면서 새로운 추억을 쌓을 수도 있다. 자유여행의 경우 자신이 원하는 대로 일정을 계획하고 숙소를 정할 수 있다. 그러나 준비를 많이 하지 않으면 원하는 여행을 제대로 할 수 없다.

    이렇듯 패키지여행이나 자유여행이나 모두 장단점이 존재했다. 따라서 여행 계획을 짤 시간이 없거나 현지 음식을 제대로 먹지 못하는 사람이라면 패키지여행이 나을 수도 있다. 선택 관광과 쇼핑 등이 싫다면 패키지 상품 중에 노옵션 노쇼핑 상품을 선택하면 된다. 자유롭게 자신이 원하는 대로 여행하고 싶고 다른 나라의 문화나 일상생활을 생생하게 체험하고 싶다면 자유여행을 계획하는 것이 나을 것이다. 때로는 나라에 따라서 자유여행을 할 수 있는 나라가 있고 패키지여행이 맞는 나라가 있다. 자신의 여행 스타일과 재정 상태 그리고 그 나라의 상황을 모두 고려하여 여행을 계획해 보는 것이 나을 것이다.

여행 종류로는 자연 여행, 트레킹 여행, 문화 역사 탐방 여행, 산업 유산 및 건축 여행, 휴식 형태의 힐링 여행 등이 있다. 또 봉사 여행, 대안 여행, 생태 여행, 공정 여행 등이 있다. 따라서 여행을 왜, 누구랑, 어떻게 해야 하는지를 고려해서 자신의 건강과 재정 상태에 따라 계획해야 할 것이다. 또한 교통수단의 변화와 지리 정보 시스템을 활용하여 안전한 여행이 될 수 있다면 행복한 여행이 될 것이다. 또한 여행자나 여행지 모두 행복한 지속 가능한 여행이 되도록 노력해야 한다.

내용	패키지여행	자유여행
일정	• 단체로 정해진 시간과 장소로 이동 • 짧은 시간에 여러 곳 방문	• 가고 싶은 곳만 자유롭게 방문
숙박	• 도시 외곽(비용 절감) • 숙소에 밤늦게 도착	• 관광지나 도심 • 시간 조절 가능
음식	• 공통적인 입맛에 맞추기 위해 한국식당을 많이 방문	• 원하는 식당 선택
교통	• 항공, 버스 단체로 대절 (교통비 저렴하고 편안)	• 본인이 직접 해결 (다소 비싸고 불편, 다양한 교통편 경험)
관광	• 잘 알려진 관광지 방문	• 원하는 지역 관광
쇼핑	• 관광객 상대 쇼핑몰 방문 (관광지보다 쇼핑몰에서 보내는 시간이 많음)	• 현지 시장 및 벼룩시장 방문
안전	• 문제 발생 시 여행사에서 처리	• 개인의 모든 안전 문제 책임
비용	• 상품 가격 저렴 • 가이드 및 운전사 팁 미포함 • 선택 관광 발생	• 단체 상품보다 다소 비쌈 • 가이드 및 운전사 팁을 줄 필요가 없으므로 결과적으로 비슷
장점	• 항공, 숙박, 음식, 교통편, 보험 등 모든 일정을 여행사에서 계획 (여행에 관해서 신경 쓸 것이 없음)	• 자유롭게 가고 싶은 곳 선택 가능 (관광, 음식, 쇼핑 등 자유로움)
단점	• 현지 음식보다는 한국 음식을 더 자주 먹게 됨	• 여행지마다 필요한 정보와 항공 및 교통, 숙박, 식당 등 모든 일정을 계획

어떤 사람은 지친 일상 속에서 여행을 통해 힘을 얻기도 하고, 어떤 사람은 여행하면서 모든 것을 기록으로 남기기도 한다. 기행(紀行)은 여행하면서 겪은 일을 적은 문학 양식으로 여행기(旅行記)라고도 한다. 기행문은 쓰는 목적에 따라 견문을 적는 기행문과 특정 목적을 위한 답사기로 나누기도 하는데, 역사 기행, 지리 기행, 예술 기행, 명화 기행, 문학 기행, 대학 순례 교육 개혁 기행, 청소년 문화 기행, 성지 순례 종교 기행, 진화론 과학 기행, 표류기, 맛 기행, 음식 기행, 패션 기행, 건축 기행 등 매우 다양하다.

우리가 역사책에서 접했던 여행기에는 신라의 승려 혜초가 고대 인도의 5천축국을 답사하고 쓴 여행기인『왕오천축국전』[96], 마르코폴로의『동방견문록』[97], 『하멜표류기』[98], 제주 앞바다에서 표류한 뒤 중국 각지를 거쳐 압록강을 건너 돌아오기까지의 여정을 그린 최부의『표해록』[99]이 있다.

여행 지리와 만나면서 경험했던 것을 기록하는 것도 매우 의미 있는 일일 것이다. 여행을 다니면서 남기는 사진들은 대개 핸드폰 속이나 디지털 형태로 컴퓨터 폴더에 넣어 두는 경우가 많다. 여행에서 느꼈던 경험 등을 기록하고 사진을 포토북으로 만들어 본다면 다음에는

---

96) 1908년 프랑스의 동양학자 P.펠리오가 중국 북서 지방 간쑤성[甘肅省]의 둔황[敦煌] 천불동 석불에서 발견한 『왕오천축국전(往五天竺國傳)』은 신라의 승려 혜초가 고대 인도의 5천축국을 답사하고 쓴 여행기로 파리국립도서관에 소장되어 있다.

97) 『동방견문록(東方見聞錄)』은 13세기 베네치아공화국 출신의 상인 마르코 폴로(Marco Polo)가 1271년부터 1295년까지 동방을 여행한 체험담을 기록한 책이다.

98) 『하멜표류기[漂流記]』는 태풍으로 조선에 표착한 네덜란드인들의 14년간에 걸친 억류 생활을 기록한 책으로 한국의 지리·풍속·정치·군사·교육·교역 등을 유럽에 소개한 최초의 문헌이다.

99) 『표해록(漂海錄)』은 1488년(성종 19) 최부(崔溥)가 지은 것으로, 풍랑을 만나 표류하다가 중국 대륙에 도착하여 북쪽으로 올라오며 보고 듣고 느낀 갖가지 일들을 기록한 것이다. 이동 경로는 제주→우두외양→영파→항주→소주→양주→회안→제령→덕주→천진→북경→산해관→광령위→요동→의주이다.

더 발전되고 의미 있는 여행을 할 수 있을 것이다. 또한 여행지에서 촬영했던 사진 중에 혼자 보기 아까운 사진들은 웹을 통해 공유하는 것도 좋을 것이다.

2012년 가을 짧은 시간에 많은 자료를 수집하기 위해 교통과 숙식을 신경 쓰지 않아도 되는 상품을 선택하여 단체로 움직이는 패키지 여행을 하게 되었다. 우리 일행은 기사와 가이드를 포함해서 44명이 한 팀이었다. 유럽 여행에서 제일 불편한 것은 화장실에서 줄 서기였다. 화장실 수가 많지 않은 유럽에서 여행객이 많아 한꺼번에 몰리다 보면 아줌마들이 남자 화장실로 쳐들어가기 일쑤였고, 한국 아줌마들의 당당한 입성에 당황한 외국인들의 표정은 가히 압권이었다. 화장실 문제로 화가 난 외국인들은 여행 가이드에게 불만을 제기하기도 하였다. 중간 여행지마다 그 지역 가이드가 동행하기도 했지만, 이러저러한 해프닝이 많은 일정 속에서 혼자 많은 인원을 인솔하는 가이드를 보면서 쉬운 직업은 아니라는 생각이 들었다.

같이 여행하는 팀에는 연령대가 20대부터 80대까지 매우 다양했는데, 지역을 이동할 때마다 어르신들이 내가 이동하는 쪽으로 따라와서 요구 사항을 이야기하였다. 나중에 알고 보니, 여행 가이드와 나의 체구가 비슷해서인지 나를 가이드로 착각했다고 한다. 여행 가이드는 다른 여행과 달리 갑자기 수월해진 여행에 의아했다며 많은 이야기를 나누었다. 그녀는 여행을 하면서 돈을 벌 수 있는 직업인 '여행 가이드'에게도 많은 애환이 있다고 했다. 그녀는 좋아하는 여행을 실컷 하면서, 다양한 사람들을 많이 만나면서 돈도 벌 수 있어서 이 직업을 택했다고 했다. 특히 학력, 성별, 연령, 국적의 제한 없이 일을 할 수도 있고, 쉬고 싶을 땐 쉴 수도 있는 직업이어서 매력적이라고 했다. 그러나 인공 지능을 탑재한 정보 통신 관련 산업과 GPS의 비약적인 발전으로, 단체 여행보다는 개인적으로 여행하는 사람들이 더 늘어나면서 일감이 많이 줄어들고 있기 때문에 가이드라는 직업만으로는 생계를 유지하는 것이 힘들다고 하였다.

 여행지 살펴보기

바다처럼 보여서 호수처럼 보이지 않는, 세계에서 가장 깊고 깨끗한 바이칼호수를 끼고 살아가고 있는 러시아의 소수 민족 브리야트족은 놀랍게도 우리 민족의 외모와 풍습이 닮아 있다. 2005년 우리 조상들의 발자취를 찾아가는 다큐멘터리를 보고 더욱 그러한 생각을 하게 되었다. 고대 종족 문화의 태생지로 알려진 바이칼 일대에서 살아가고 있는 민족을 통해 보이는 우리 조상의 흔적을 한번 확인해 보고 싶었다.

알흔섬 브리야트족

2018년 여름, 드디어 바이칼 호수를 가게 되었다. 호수 근처 보이는 들꽃과 형형색색 끈들로 치장된 나무는 우리나라 성황당 나무와 너무나도 닮아 있다. 이곳에도 처녀를 제물로 바쳤던 인당수가 존재했고, 브리야트족의 선녀와 나무꾼 이야기도 있다. 마을에 서 있는 서낭당, 솟대, 장승, 신목 등은 우리 문화와 놀랍게도 비슷하다.

바이칼호수에서 가장 큰 알혼섬, 날씨 좋은 날에는 먼지바람을 일으키며 비포장도로 위를 달리는 지프차 안은 놀이기구를 타고 있는 듯했다. 호수 위의 멋진 일출과 일몰을 바라보면서 한민족의 뿌리에 대해 생각하게 된다.

러시아 시베리아 끝 부분에 있는 바이칼 호수의 브리야트족을 통해, 지리산 청학동에 있는 '삼성궁'에서 확인했던 우리의 단군신화를 다시 한 번 생각하게 된다.

우리 한민족의 시원(始原)을 이야기할 때 북방설과 남방설로 나뉜다. 남방설에는 가야의 건국신화 등에서 볼 수 있듯이, 인도 아유타 왕국

단군신화 중 곰이 웅녀로 변화하는 모습

의 공주를 황후로 맞이한 김수로왕의 이야기가 있다. 반면 북방설에는 고고학자와 유전학자 등이 과학적 근거를 들어 바이칼호수 일대를 보는 등이 있다.

다큐멘터리에서 제시한 내용은 우리 민족이 러시아 시베리아의 끝부분에 있는 바이칼 호수 일대에서 발원하여 몽골과 중국 동북삼성 지역을 거쳐 한반도에 정착했다는 것이다. 근거로 든 것은 외형적인 모습과 유전학적 동질성 등이다.[100] 고구려의 상징 삼족오는 세 발 달린 검은 까마귀로 그 유래를 몽골말 케레이(까마귀)로 보는 경우도 있다. 브리야트족의 아바이케세르 신화는 우리의 단군신화와 매우 유사하며, '아바이'는 아버지라는 의미이다.[101]

---

100) 한민족의 외형적 특징은 얼굴에 두터운 지방층, 검은색의 직모, 광대뼈의 돌출, 흑갈색의 눈동자, 유아기 엉덩이와 등에 나타나는 몽고반점이다. 이 몽고반점은 몽골리안에게 나타나는 공통적인 특징이다. 바이칼 호수 일대에 사는 부리야트족과 한민족의 유전학의 동질성은 서울대의과대학의 이홍규박사가 연구하였다. 그는 세계 각 지역 사람들의 세포를 분석한 결과 몽골반점이 있는 지역 사람들의 미트콘드리아가 같다는 사실을 과학적으로 입증했다. 특히 시베리아의 바이칼 호수 근처에 있는 브리야트족의 미트콘드리아는 한민족 및 몽골인들과 대부분 일치한다.
101) ebs,특집 다큐멘터리 2005. 10. 03.'한민족 뿌리 탐사 바이칼을 가다!', 지승 지음, 『바이칼 민족과 홍익인간 세상: 한민족 뿌리를 찾아가는 역사 여정』(우리책, 2017.)

🧭 정보 및 위치

　바이칼 호수[Lake Baikal]는 러시아 시베리아 남동쪽, 이르쿠츠크(Irkutsk)와 브랴티야(Buryatia) 자치공화국 사이에 위치한 가장 오래되고 깊은 호수이다. 1996년에 지정된 유네스코 세계자연유산으로 2,600여 종의 동식물이 살고 있는 생물종 다양성의 보물 창고이다. 바이칼이라는 명칭은 몽골어로 '자연'을 뜻하는 바이갈(Baigal, 러시아어로는 Байгал)에서 연유하였다. 세계에서 가장 깊은 호수로 수심이 1,742m이며, 전 세계 담수량의 20%를 차지한다. 약 330여 개의 강이 바이칼 호수로 흘러들며, 앙가라(Angara)강만이 밖으로 흘러나가는 유일한 수로이다. 호수 안에는 22개의 섬이 있으며, 가장 큰 것은 알혼(Olkhon)섬이다.

　바이칼 호수에서 서식하는 식물은 1,080여 종, 동물은 1,550여 종에 이른다. 그곳에는 담비, 수달, 시베리아족제비, 고라니, 흰꼬리수리, 새매부엉이 등 다양한 희귀동식물이 분포해 있다. 따라서 진화의 역사를 연구하는 데도 매우 중요한 곳이다.

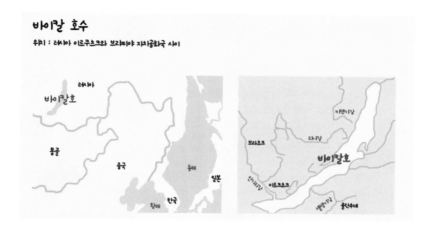

바이칼 호수
위치 : 러시아 이르쿠츠크와 브랴타야 자치공화국 사이

러시아
바이칼호
몽골
중국
동해
일본
황해
한국

키렌가강
라라강
브라츠크
바이칼호
러시아강
이르쿠츠크
몽골강
몽산녀대

다음은 패키지여행으로 다녀온 '몽골·러시아 바이칼 호수'의 여행 후기이다. 주로 버스나 열차를 타고 이동할 때 가이드의 설명과 함께 틈틈이 적어 놓은 메모다. 자유여행을 할 때는 여행 장소와 교통편을 알아보며 이동하기에 바빠서 이렇게 기록할 여유는 없었다. 여행 중 메모를 참고로 해서 나만의 여행기를 써 보는 것도 의미 있는 일일 것이다.

	몽골 러시아 바이칼 호수 여행기
몽 고	• 징키스칸 광장(몽고 영웅), 쑥바틀 장군동상, 시청, 우체국 −몽고는 러시아 도움을 받아 독립하였고, 산업시설 등도 지원을 받음 −밀농사, 감자, 당근−과일은 러시아, 농산물은 중국에서 수입 −여름방학 3개월, 9월 1일 입학식 −유치원~고교: 무상, 학원 거의 없음(행복 지수 높음) −지하자원 많은 나라, 자원을 잘 개발 못함, 국회의원들의 부패로 서민들 힘듦 −1990년대 민주주의됨(여권, 해외여행 자유화) −4년마다 선거, 국회의원 76명, 총리 힘이 대통령보다 강함 • 간등사 −티벳 라마교, 몽고 라마승 출퇴근하고 결혼도 함 −몽골의 마지막 왕은 티벳 사람으로 이후 라마교가 뿌리 내림

몽 고	• 간등사 　-티벳 라마교, 몽고 라마승 출퇴근하고 결혼도 함 　-몽골의 마지막 왕은 티벳 사람으로 이후 라마교가 뿌리 내림 • 칭키스칸 동상 　-고향쪽을 바라보며 우뚝 서 있는데, 주변은 광활한 벌판이 펼쳐져 있음 • 게르(몽고의 전통 가옥) 및 승마 체험 　-머리 조심, 난로 조심, 문을 꼭 잠글 것 　-게르에서 점심: 닭 수프, 양고기불고기와 밥 　-승마 체험(2시간) 및 주변 산책 　-유목민 실거주지 방문-우유차 요구르트 시음 　-거북 바위 보고 기념품 게르 방문(냄새) 　-저녁: 양고기(훠궈) 　-공동 샤워장 시설 열악: 잠금장치 불량으로 문이 안 열림 　-게르에서 숙박: 춥고 게르 특유의 냄새 　-화장실이 공동이라 가려면 천리 길(옛날에 어떻게 살았나?!) 　-몽골은 관광자원으로 개발할 것들이 많음, 시설 투자를 해서 개발하면 좋을 듯함. 　-밤새 천둥 번개 비 : 게르 지붕 비닐 날리는 소리 　-비가 와서 쏟아질 듯한 별을 구경하지 못해 안타까움

	-새벽 3시부터 일어나 준비, 4시 식사 　-몽고에서 새벽 5시에 공항으로 이동: 러시아 이르쿠츠크로 향함(7시 50분 비행기)

러 시 아	• 이르쿠츠크 1일차(시내) 　-수화물 : 15kg 이내(3kg over, 추가요금 발생) 　-순전히 김치 등 밑반찬 때문임 　[러시아 입국 절차 밟을 때까지 추가요금 징수 안함] 　-한 줄에 4인이 앉을 수 있는 경비행기 탑승(12*4, 50명 이내) 　-이르쿠츠크 시내 관광 후 숙소 도착 　-130 구역 : 이태원 거리랑 비슷

	• 이르쿠츠크 2일차(환 바이칼 열차 탑승) 　-이르쿠츠크 : 기계, 알루미늄 공업 　-바이칼호수-관광업 종사 　-토지-국가소유, 장기임대 　-슬라브 민족, 브리야트 민족(블야트) 　-환 바이칼 열차 탑승(7:46 출발) 　-슬류지안카(9:51 하차, 40분 정차)

러
시
아
	−앙가솔까(11:00 하차, 40분 정차)
	−끼르끼레이(12:47 하차, 40분 정차)
	−빨라번늬(13:58 하차, 1시간 정차)
	−이탈리아스텐카하차(15:18 하차, 30분 정차)
	−뽀르트바이칼(17:03 하차)
	−리스트비얀카(앙가랑강이 나오는 시작점) 가는 연락선 2시간 기다림
	[날씨가 오후 되자 추워짐, 주변에 편의시설이 거의 없고, 러시아인들 매우 불친절, 영어 아예
	못함]
	−숙소까지 1시간 걸림
	−러시아 1월 7일이 크리스마스임
	[여행 후기]
	*바이칼 호수 근처 마을에 정차하는 곳마다 야생화가 예쁘게 피어 있었음
	*길거리 음식, 커피 파는 곳이 없고, 오후 6시면 칼 같이 상점 문을 닫음
	*사회주의 잔재−열심히 일해 봤자 본인 것이 되지 않기 때문에 시간 내서 일하려고 하지 않는 경
	  향이 있음
	*자유주의 시장 경제로 전환되고는 있지만 많은 부분이 미숙
	*아름다운 바이칼 호수를 잘 보존했으면 좋으련만, 관광객들이 버리고 간 쓰레기, 분리수거나 분
	  리 배출하지 않는 문화를 보면서, 조만간 환경 문제가 사회 문제로 대두될 것 같음
	*화장실 부족, 사용료 15루블 정도, 남녀 공용 1칸
	*사회주의 국가의 잔재, 유럽의 영향
	*몽고와 가까운데도 전혀 다른 문화 형성
	*그리스정교회−인구 65만 정도 
	*이르쿠츠크에도 중국인 많이 들어와 살고 그들만의 문화를 형성
	*러시아도 중국처럼 기념일에 폭죽 많이 터트림

	• 바이칼 호수 알혼섬 *알혼섬; 블야트 족 모여 형성, 관광지 되면서 슬라브족도 살게 됨(샤머니즘, 성황당 등 남아 있 음, 현재는 러시아 정교회 믿음) 　−여름 별장: 다차(공산주의 잔재), 가구당 한 채씩 지급, 시장경제 전환 시 도시로 돈 벌러 나 　　감, 빈집을 개조해서 다차(개인 별장 아름)로 사용(개인 소유로 전환) 　−끼오스끼 : 공산주의 시절 식량배급소로 사용, 지금은 아이스크림 판매대로 이용 　−레닌 동상 5개 정도 남음 　−소, 말 등 방목(마블링 없음, 돼지고기보다 쌈), 소 기르는 데 비용이 들지 않아 많이 사육 　−치즈 등 유제품 많이 생산 　−주식: 감자, 돼지고기 　−이르쿠츠크에서 1시간 정도 가면 블야트 자치구 형성 　−시베리아 대평원(끝없는 초원이 펼쳐짐)

–쿠리칸 민족: 철기 잘다룸, 몽골 징기스칸 이후 몽골 지배(이후 쿠리칸+몽골족=블야트족→
자치구 인정)

–유류타(블야트 민족 거주지) : 게르 형식, 나무, 육각형 형태

*러시아 대통령 푸틴–경제 발전 시킨 공로로 콘크리트 지지층 있지만 독재에 시위하기도 함, 시위
자 사망한 채로 발견(2018.7.25.), KGB에 들어가 활동, 옐친의 갑작스런 사임으로 허수아비 대
통령격으로 추대했지만, 푸틴은 신흥재벌 세력 제거–지지율 상승, 체첸공화국 독립 막음, 재집
권 성공해서 2023년까지 집권하게 됨

*러시아연방–*46개의 주, 4개의 당: 통합러시아당(집권당), 제1야당–공산당(이루크츠쿠만이 주
지사)

*교사 월급: 한 달 80만 원, 바리스타–40만 원, 의사 120만 원(병원 국립으로 운영, 외국인들도
병원 공짜), 약재, 주사바늘 등은 본인이 우대, 약사 소득이 더 많음

*기술직 등 엔지니어(공대생들)가 우대받음, 중국인들 관광객이 많아 중국어를 배우면 직업 선택
에 유리함

–바이칼 알혼섬 : 중국인 관광객들의 쓰레기 무단 투기로 몸살을 앓고 있음

–브랴티아 민족 : 울라노(자치수도), 우리 민족과 비슷, 민족의 시원 : 바이칼 → 가설

러
시
아

• 알혼섬 도착: 4륜 구동, 비포장 도로

–마트 들러서 간단히 생필품 : 아이스크림 13개(일행들)

–통나무집 숙박, 넓은 초원, 아름다운 강변, 여름이라 수영하는 사람 있음, 수온 15도, 차가움

• 바이칼 호수 알혼섬 북부투어

–4륜구동 타고 알혼섬 투어

–하보이 하이킹: 곳곳에 성황당 모습이 보임

–사랑의 언덕

–코린브랴트족의 탄생설화 바위(불한바위)

–중식: 현지 사냥꾼식(뉴질랜드 bbq와 비슷)

*바이칼 호수가 강이라고 생각되지 않을 정도로 넓은 바다와 같은 모습임

*운무가 없다가 순식간에 생기는 날씨 변화 속에서 호수 주변은 매우 아름다움

*화장실이 없어 초원에 볼일을 봐야 함, 곳곳에 분뇨가 있는데 가축의 것인지 사람의 것인지 분간
못할 정도로 많음

• 바이칼 알혼섬에서 이르쿠츠크로

–알혼섬을 빠져나오려면 15분정도 연락선을 타고 나와야 함

–차를 우선적으로 싣고, 차량을 실은 탑승객부터 승차, 빈공간이 생기면 사람 실음

–순서도 뒤죽박죽, 새치기, 중국 여행객들이 압도적으로 많음

–중국인들의 비매너에 러시아 사람들도 고개를 절레절레, 나이 드신 한국 사람들도 만만치 않음

–우리나라 신안군 섬에 철선 탈 때 질서정연한 모습과는 너무 다른 후진 문화를 봄

–화장실은 재래식이 많고, 바이칼 호수의 멋진 풍경을 다 잊어버리게 함

－바이칼 호수 비경을 자랑하는 곳에는 화장실이 없어 노상방뇨 해야 함(우산 필수)

－알혼섬에서 이르쿠츠크로 오는 중간에 휴게소 화장실은 재래식, 게다가 화장실 사용료 지불해야 함(15~20루블)

－중국 변두리보다도 못한 화장실, 화장실 문도 없고 2명이 볼일을 같이 보게 되어 있음. 오히려 자연과 벗하는 것이 더 위생적인 듯함

－화장실 문화를 보면 그 나라의 수준을 알 수 있듯이 우리나라가 참 많이 발전했다는 생각이 듦

－시베리아 평원을 거쳐 오면서 중국 장춘에서 길림성으로 가는 길에 펼쳐졌던 광활한 벌판과는 또 다른 풍경임

－바이칼 호수 사람들은 관광업으로 생계유지, 6~8월 3개월 벌어 1년을 사는 듯함

• 데카브리스트 박물관: [이르쿠츠크 시내]: 톨스토이 『전쟁과 평화』의 모티브가 되었던 곳
[세르게이 발콘스키 공작과 그의 부인 마리아 발콘스카야 공작부인의 이야기, 그녀가 어린 딸과 함께 살던 집은 데카브리스트 박물관이 되었는데 발콘스키의 집으로 유명, 톨스토이의 소설 『전쟁과 평화』에 등장하는 실제 주인공]

*시베리아 횡단 열차 착공했던 니콜라이 황제 3세 동상, 볼셰비키 혁명에 대항해 제정러시아를 지키려 했던 콜착 동상, 그리스정교회 미사 참석(촛불 사서 켜 둠－우리 가족의 건강 기원), 레닌 거리, 극장, 시베리아횡단 철도청 지나 한식당에서 마지막 저녁 식사

－호텔로 돌아와 짐 정리, 공항 출국 수속

*공항에서

－러시아 공항은 3번 짐 검색 : 1차 공항 들어갈 때, 2차 보딩 수속전, 3차 출국장으로 나갈 때: 속도 매우 느리고 속이 터짐

－면세점 2군데 문 열음, 제주도 공항보다도 못한 곳, 심지어 똑같은 물건, 다른 가격

－비행기 탑승 : 옆자리 러시아 여자, 앞뒤로 자리 분리되었는지 너무 떠들어서 귀가 떨어져 나갈 지경

－가운데 자리에 앉아서 화장실 가기 매우 불편함

[여행 후기]

*바이칼호수를 볼 수 있어서 좋은 여행

*다양한 여행객들을 만나 많은 것을 배우게 됨

*같은 나이대와 함께 여행해야겠다는 생각

*패키지의 장점도 있지만 단점 때문에 단체 여행을 고려해 봐야 함

러시아

· 몽골 ·

· 환바이칼 열차에서 보이는 바이칼 호수 ·

· 바이칼 호수—알혼섬 ·

· 바이칼 호수—알혼섬 ·

바이칼호에 와서 －이일향[102]

어려서 읽은 춘원의 〈유정〉 속에서
바이칼은 그대로 사랑이었다.
시베리아를 온통 노래로 깨우는
그 하늘같은 호수를 찾아와서
나는 두레박으로 길어 올린
바이칼을 마신다
⋯⋯
〈후략〉

1. 위 시에서 시인이 표현하고자 한 것은 무엇일까요?

2. 춘원 이광수의 『유정』을 읽은 후, 등장인물들의 윤리적인 문제
그리고 사랑의 종류 및 가치에 대해 말해 보세요.

3. 위 시의 생략된 부분을 완성해 보세요.

📖 **경험 성찰하기**

1. 한국의 '단군신화'와 브리야트족의 '아바이케세르 신화'를 비교해
보세요.

---

102) 이일향(1930~): 대구 출생, 효성여대 국문과 졸업, 1983년에 아가(雅歌)로 등단, 윤동주문학상 우수
상(1990), 신사임당(수상), 노산문학상(1993), 정운시조문학상(1999) 등을 수상하였다. 현재 국제펜클
럽 한국본부 고문, 한국문인협회 자문위원, 한국시조시인협회 이사, 여성시조문학회 회장을 맡고 있다

2. 바이칼 호수의 브리야트족과 우리 한민족의 공통점을 찾아보세요.

3. 고조선과 몽골족의 관계에 대해 조사해 보세요. 흉노, 훈족, 몽골족, 고구려의 관계와 각각의 전성기, 활동 지역에 대해 조사해 보세요.

4. 톨스토이『전쟁과 평화』를 읽은 후, 실제 모티브가 되었던 인물들을 찾아보세요.

5. 러시아는 국민의 75%가 러시아정교를 믿습니다. 러시아정교회의 출발점을 찾아보세요.

📱 다음 여행 구상하기

1. 단체 여행과 개별 여행의 장단점을 비교해 보고 자신의 여행 스타일을 분석하여 다음 여행지의 여행 계획을 세워 보세요.

내용	단체 여행	개별 여행
장점		
단점		

2. 다음 러시아의 도시 및 몽골의 도시 중 한 곳을 선택하여 여행 계획을 세워 보세요.

• 모스크바   • 이르쿠츠크   • 상트페테르부르크   • 기타

(여행 종류, 여행 방법과 경로, 교통수단 등을 고려)

3. 1922년에 탄생하여 1991년 해체된 '소련(소비에트사회주의연방공화국)'에 속해 있던 나라들을 조사하고, 그중 한 곳을 골라 여행 계획을 세워 보세요.

4. 다른 나라를 여행할 때 팁 문화가 있는 나라들이 있습니다. 팁 문화에 대해 조사해 보세요.

5. 최부의 『표해록』을 찾아보세요.

📚 학습 자료

1. 소련(소비에트사회주의연방공화국)
• 우크라이나 • 에스토니아 • 우즈베크 • 몰다비아 • 키르키스
• 카자흐스탄 • 아르메니아 • 그루지야 • 투르크멘 • 라트비아
• 리투아니아 • 아제르바이잔 • 벨라루스 • 타지크

2. 팁 문화, 어떻게 지불해야 하는가?
• 다른 나라를 여행하기 전 어떤 상황, 어떤 장소에서 팁을 얼마만큼 줘야 하는지 미리 알고 가야 한다.
• 팁은 보통 소액권으로 지불, 환전 시 소액권 지폐를 준비한다.
• 팁 문화가 보편화된 미국, 하와이, 괌 등에서는 팁을 주는 것이 예의이다. 크루즈 여행에서는 자기 객실을 담당한 승무원들에게 팁을 주는 것이 일반적이다(팁의 적정선은 식사비의 15~20% 정도).

- 계산서에 'ratuity not included'라고 적혀 있다면 팁을 반드시 지불해야 한다(패스트푸드점, 커피 전문점, 푸드코트 등에서는 팁을 지불할 필요가 없으며, 뷔페를 이용 시, 테이블에 1달러 정도를 팁으로 주면 된다).
- 호텔
  - 객실에서 나갈 때, 침대 머리맡 배게 쪽이나 테이블 위(보통 1~2달러 정도)에 올려 놓는다.
  - 체크인 또는 체크아웃 시 짐을 들어 줄 때 짐 한 개당 1~2달러 정도
  - 택시나 리무진 등을 이용 시 15% 정도를 팁으로 주면 적당하다.

17. 워킹홀리데이 호주

 여행지 살펴보기

초등학교 시절 조카 두 명이 생겼는데, 터울이 많지 않아 형제자매처럼 지냈다. 학교에 가려면 따라나서기도 하고, 하교 시간이 되면 늘 대문 앞에서 내가 오기만을 기다렸다. 간혹 먹을 것이 생기면 챙겨다 주었는데, 어느 순간 내 손에 무엇인가 들려 있지 않나 쳐다보곤 했다. 당시는 집안 살림이 넉넉하지 않았기에 군것질을 마음대로 할 수 없던 시절이었다. 과자 하나에 뛸 듯이 기뻐하는 그 애절한 눈망울에 나는 용돈을 모아서 집에 갈 때는 꼭 과자 한 봉지를 사 들고 가곤 했다.

그렇게 오손도손 같이 컸던 큰 조카는 최근 결혼을 해서 아이를 낳아 한순간에 우리 칠 남매를 할아버지 할머니로 만들어 버렸다. 둘째

조카는 대학교 입학금까지만 부모님의 도움을 받고 그 이후에는 자신의 힘으로 졸업했다. 그리고 좀 더 넓은 세계를 경험하고 현지에서 영어를 배우고 싶다며 호주 워킹홀리데이 비자를 신청했다. 출국 전 용돈을 주려고 하자 거절했지만, 비상금으로 쓰라며 용돈을 보태 줬다. 초기 정착금 일백만 원 정도만 준비해서 2년 정도 있다가 오겠다며 친구들과 출국했다.

호주는 워킹홀리데이 비자를 가지고 1년 체류한 후에, 더 머무르려면 세컨비자를 취득해야 한다. 세컨비자를 취득하려면 한 가지 조건을 충족해야 한다. 일손이 특별히 부족한 특정 지역에서 최소 88일간의 근무 기간을 충족한 사람에 한하여 세컨비자를 발급해 준다.[103] 호주 세컨비자는 다른 나라 비자와는 달리 저렴한 비용으로 쉽게 취득할 수 있고, 만 30세가 넘지 않을 때까지 자유롭게 사용할 수 있는 장점이 있다. 호주는 가장 살기 좋은 나라 중의 하나로 복지 혜택이 크지만, 아이러니하게도 기피 직업군 3D[104]업종에 일손이 부족하므로 이러한 제도를 통해 부족한 노동력을 충당한다.

관광비자로는 취업할 수 없지만, 워킹홀리데이 비자는 가능하기에 해외여행을 하면서 부족한 비용을 마련하기 쉽다. 그래서 조카도 일하면서 여행도 하고 영어도 배우면서 신나게 지내고 있을 거라는 생각을 하고 있었다. 조카의 워킹홀리데이 비자가 만료될 무렵, 나에게 효도여행이라며 호주 여행을 제안하였다. 1년 만에 워킹홀리데이 생

---

103) 세컨비자 신청 가능 업종은 농·축산업, 어업, 벌목, 광산업, 건축공사현장에서의 경력이다. 또한 재난지역 복구건설 현장 자원봉사도 지역과 기간을 채우면 신청이 가능하다.
104) 3D는 힘들고(Difficult), 더럽고(Dirty), 위험한(Dangerous) 직업군을 말하며, 주로 제조업, 광업, 건축업 등이 꼽히며, 섬유, 전자, 신발, 건설, 탄광 등에서 심각한 인력난을 겪고 있다.

활을 끝내고 돌아오는 길에 호주 여행을 실컷 하고 싶다고 말한 조카의 상황이 몹시 궁금했기에 승낙하였다. 광활한 대자연과 캥거루가 뛰노는 나라, 멋진 해변과 화려한 도시의 풍경까지 볼 수 있는 호주를 생각하면서 시드니-골든코스트-멜버른 경로로 여행을 떠났다.

🕐 정보 및 위치

워킹홀리데이(working holiday)란 관광취업비자로 국가 간 협정을 맺어 방문국에서 취업할 수 있도록 특별히 허가해 주는 제도이다. 만 18세에서 30세의 젊은이를 대상으로 각 해당국에 한하여 1회만 발급하며, 실제 체류 기간은 1년이다.[105]

호주의 정식 명칭은 오스트레일리아 연방(Commonwealth of Australia)으로, 한반도 크기의 약 35배이다. 입헌군주제와 의원내각제를 채택하고 있으며, 영국 연방에 속해 있다. 민족구성원은 앵글로색슨족 80%, 유럽과 아시아계 18%, 원주민 등 기타 2%로 구성되어 있으며, 종교는 기독교가 67% 정도이다.

호주
홈페이지: 호주 관광청 https://www.australia.com

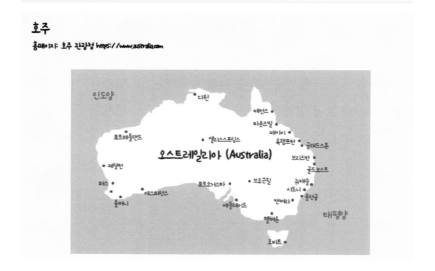

---

105) 2013년 현재, 워킹홀리데이비자 협정을 맺고 있는 나라는 뉴질랜드, 대만, 덴마크, 독일, 스웨덴, 아일랜드, 영국(YMS), 오스트리아, 이탈리아, 일본, 체코, 캐나다, 프랑스, 호주, 홍콩, 헝가리, 이스라엘이다.

조카는 호주 멜버른에 거주하고 있었지만, 우리나라에서는 멜버른으로 가는 직항 노선이 없어서 시드니에서 만나기로 했다. 오랜만에 다른 나라에서 만나니 매우 반가웠지만, 체중이 많이 줄어든 것을 보니 워킹홀리데이 생활이 그리 녹록지 않아 보였다. 일도 하면서 돈을 모아 여행을 할 수 있다고 해서 출국했건만, 거의 1년을 일만 해야 했고 여행 자체는 꿈도 꿀 수 없었다고 했다.

호주는 시급은 높지만 숙박비와 물가가 매우 비싸서 일해서 번 돈의 대부분을 숙박비로 충당할 수밖에 없다. 방 하나를 단독으로 사용한다면 멜버른 기준으로 한 달에 100만 원에서 120만 원 정도이며, 개인차가 있겠지만 소득의 60%~70% 정도를 방세로 지불한다. 조카는 비용을 아끼기 위하여 방값의 반만 지불하는 거실 셰어를 선택했는데, 거실 한 귀퉁이에 1인용 매트를 놓고 커튼으로 가려 놓은 곳이었다. 호주 대도시에서는 주인은 안방을 사용하고 거실과 여분의 방은 셰어 하우스로 운영하는 곳이 많으며, 워킹을 하는 사람들의 80%가 이러한 셰어 하우스를 이용한다.

호주에서 직업을 구하기 위해 걸리는 시간은 대체로 한 달 정도이다. 조카의 친구들은 시급이 많고 세컨비자를 쉽게 취득할 수 있는 직종을 찾아갔다. 친구 A는 메론 농장으로 갔는데, 메론 따는 시기를 잘 맞추지 못했다. 한동안 일을 하지 못하고 방세만 지불해야 했고, 농장 일을 찾기 위해 전전긍긍했다. 농장에서 일하는 사람들에게 가장 위험한 적은 베드버그(BedBug)와 마약이다. 피해를 입으면 엄청 간

지럽고 긁으면 더 심해지며, 심지어 산채로 무언가에게 뜯기는 기분이라고 한다. 또한 농장 근처에 대마초가 널려 있어서 마음만 먹으면 얼마든지 손댈 수 있다고 했다.

친구 B는 시급이 더 많은 곳을 찾다가 소를 도축하는 공장으로 갔다. 하루 종일 소의 뼈를 발라내는 발골 작업을 하다가 병을 얻었다. 그곳에서 병이 나면 치료비가 너무 비싸서 병원에 갈 수 없는 상태여서 결국 귀국을 해야만 했다.

홀리데이 비자를 가지고 있는 사람들이 공식적으로 일할 수 있는 노동 시간은 한정되어 있다. 시급이 많다고 해서 많은 시간의 일을 주지 않는다. 그래서 초과 근무를 할 수 있는 비공식적인 일을 찾는다고 한다. 그러다 보면 여러 가지 불미스러운 일을 당하는 경우가 많다. 간혹 세컨비자가 필요한 사람들을 악용하는 농장주들은 일을 했는데도 돈을 주지 않는 경우가 있다. 농장은 마트나 병원 그리고 경찰서 등이 매우 멀어서 위험 요소가 많다. 특히 농장에서 폭행이나 성폭행을 당해도 법의 보호를 받을 수 없는 경우가 종종 발생하는데, 땅이 워낙 넓어서 신고해도 접근성이 떨어진다. 영어를 잘하는 경우에는 일자리를 구하기 쉽겠지만 그럼에도 불구하고 농장은 12월에서 1월까지는 비수기라 일이 없다. 영어능력을 향상시키고 취업 경험과 그 나라의 문화를 경험할 수 있는 장점이 많은 제도이지만, 반면 취약점이 많아서 준비와 보완책이 시급하다.

호주에서 가장 먼저 방문한 곳은 시드니의 대표적인 건축물 오페라하우스로 건축 형태나 구조적인 면에서 창의력이 매우 돋보이는 곳이다. 이곳에 얽힌 에피소드가 매우 궁금해진다. 시드니 본다이비치와 블루마운틴을 여행한 뒤, 국내 비행기를 타고 서퍼들의 천국인 골든코스트 해변으로 향했다. 그곳에서 호주에서의 워킹홀리데이에 대해여러 가지 이야기를 나누었다.

그 후 저가용 비행기를 타고 멜버린으로 향했다. 조카가 워킹홀리데이 비자를 가지고 1년 생활했던 그 길을 따라 걸었다. 여기에서는지름길이라도 뒷골목으로 다니지 않는다고 했다. 낯선 나라에서 이방인으로 살아가는 어려움과 때론 동양인으로서 인종 차별을 겪었던 경험이 그렇게 만들었다고 했다. 어느새 훌쩍 커 버린 코흘리개 조카가무척 자랑스럽고 대견했다.

멜버른에서 생활하면서 사귀었던 사람이 유명 호텔의 와인 소믈리에였다. 와인 구매를 위해 동행했던 호주의 와이너리 투어는 평생 잊지 못할 추억이었다. 특히 그레이트 오션로드를 따라 걸었던 그 길에서 '열심히 일한 당신 떠나라'는 어느 광고 카피가 생각났다. 열심히현지에서 생활인으로 살았던 것과 여행자로서의 조카의 입장에 대해다시 한 번 생각하게 되었다. 누구나 여행 끝에는 사소한 신경전은 있으며, 우리 또한 돌아오는 비행기에서 조카랑 작은 말다툼이 있었다. 그러나 1년 동안 열심히 벌어서 생활하고 방세 내기도 벅찼을 텐데 잘모아 그것을 제대로 쓸 줄 아는 경제관념과 알뜰함에 감탄했다. 모든일정을 계획하고 알차게 보내려 노력했던 함께했던 시간들은 보다 더나은 미래를 설계할 수 있는 힘이 될 것이다.

시드니 하버브리지

오페라하우스

블루마운틴

골든코스트 해변

포노 농장

캥거루

코알라

돌고래

그레이트 오션

🏛 **여행 속 건축과 이야기**

시드니 오페라하우스 [Sydney Opera House]

1. 시드니 오페라하우스는 건축 형태나 구조적인 면에서 창의력이 매우 뛰어난 건축물로 평가받고 있습니다. 어떤 면에서 그러한 평가를 받는지 이야기해 보세요.

2. 시드니 오페라하우스 건설 기간은 총 16년이며, 예정된 기간보다 6년이 늦어졌고 10배의 비용이 초과되었다고 합니다. 어떤 부분에서 늦어졌는지 찾아보세요.

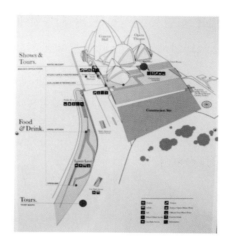

3. 시드니 오페라하우스 건축 담당자 우촌은 설계 도중 해고를 당했다고 합니다. 해고를 당한 이유에 대해 알아보세요.

4. 시드니 오페라하우스 건축가 우촌은 설계 37년 만에 건축 디자인 분야의 노벨상과 같은 프리츠커상을 수상했습니다. 여러분은 어떤 부분에서 높이 평가받았다고 생각하나요?

📖 경험 성찰하기

1. 워킹홀리데이 제도의 취지와 장점과 단점에 대해 조사해 보세요.

2. 한국인 워킹홀리데이 신청자들이 주로 근무하는 업종에는 어떠한 것들이 있는지 찾아보세요.

3. 워킹홀리데이를 하면서 발생하는 피해 경험에 대해 찾아보고, 이를 해결할 수 있는 방안에 대해 토론해 보세요.

4. 호주의 도시 중 한 곳을 선택해서 여행 계획을 세워 보세요.

📱 다음 여행 구상하기

1. 다음은 세계에서 유명한 건축물입니다. 다음 중 한 곳을 찾아서 건물이 건축될 때까지의 숨은 이야기를 찾아보세요.
- 미국 '자유의 여신상'
- 스페인 '알람브라 궁전'
- 인도 '타지마할'
- 이탈리아 '피사의 사탑'
- 프랑스 '베르사유궁전'

2. 파리 문화계는 에펠탑 건축을 격렬하게 반대했었다고 합니다. 에펠탑 건축을 반대한 이유와 건축 과정에 관해 조사해 보세요.

📚 학습 자료

- HURRYTOR 저, 『파리지앵이 직접 쓴 진짜 프랑스 여행기 에펠탑 인근 편』, ㅣIWELL(아이웰콘텐츠), 2016.
- John Zukowsky, Robbie Polley 저, 고세범 역, 『일러스트와 함께하는 유명 건축물 이야기』, 영진닷컴, 2019.
- 장정제, 『알기 쉬운 건축 이야기 (개정판) 』, 시공문화사, 2015.

18. 자연 비경 황산과 규슈

👀 **여행지 살펴보기**

황산은 중국인들이 죽기 전에 꼭 가 봐야 할 장소 중 하나로 알려져 있는데, 1년에 200일 이상 구름에 가려져 있어 운산이라고도 불린다. 중국 황제가 수양을 왔다고 해서 이름 붙여진 이곳은 천년을 버티어 온 오래된 나무들이 군락지를 이루고 있는 곳이다. 하필 황산을 방문하는 날 중국의 3대 연휴 중 하나인 노동절이어서 중국 대륙의 인파를 온몸으로 느꼈고, 자칫 잘못하면 길바닥에 깔리겠다는 생각이 들었다. 케이블카를 기다리는데, 중국인 여행객 중 어느 누군가가 새치기를 했는지 갑자기 웅성대더니 떼거리로 달려들어 응징하는 일이 순식간에 일어났다. 워낙 많은 인파에 공안 경찰들의 힘이 미치지 못하는

듯했다. 황산은 1년 중 280여 일 정도 비가 내리기 때문에 평소에 착한 일을 많이 해야 일출을 볼 수 있다고 할 정도이다.

중학교 때 친구와 함께 황산 일출을 볼 수 있다는 것은 정말 큰 행운이 아닐 수 없었다. 특히 일출을 보기 위해 산 위의 호텔에서 숙박을 했는데, 일출을 볼 수 있는 날이라서 그런지 초만원이었다. 해돋이는 순식간에 이루어지므로 초집중을 해야 볼 수 있다. 사람들의 탄성과 함께 시작된 일출은 서서히 솟아오르는 듯하더니 순식간에 해가 떠올랐다. 소원을 빌 시간적 여유는 없었지만, 그 모습을 친구랑 같이 볼 수 있어서 매우 뜻깊었다.

일본 규슈(九州) 여행은 조카가 호주 워킹홀리데이에서 돌아온 후에 다른 조카들과 함께 갔다. 제일 처음 방문한 곳은 아소산으로, 구마모토현에 있는 해발 1,592m이다. 1953년과 1958년 그리고 1979년에 폭발한 이후 지금도 화산이 활동하고 있다. 아소산 화산은 기상 상태

에 따라 입산 여부가 결정되는데, 운 좋게도 우리는 아소산 화산을 볼 수 있었다. 그 후 3년 뒤에 화산 폭발이 있었는데, 아소산은 도쿄보다 한국의 수도 서울과 직선거리로 더 가깝다고 한다.

📷 정보 및 위치

중국 황산(黃山, Huáng Shān)은 중국 안후이성에 위치한 산으로 둘레가 250㎞에 이른다. 해발 1,000m가 넘는 72개의 봉우리와 2개의 호수, 3개의 폭포, 24개의 계류가 있다. 산 중심부에는 연화봉(1864m), 광명정(1840m), 천도봉(1829m)이 있으며 봉우리는 화강암으로 이루어져 있다.

일본 아소산(阿蘇山, Mount Aso)은 일본 규슈의 구마모토 현에 있는 산으로 5개의 분화를 가지고 있는 활화산이다. 분화구가 세계 최대로 동서 18㎞, 남북 24㎞에 이른다. 세계 최대의 칼데라를 가지는 복식화산을 가지고 있으며, 중앙에 있는 화구는 현재도 활동 중이다.

황산과 큐슈
중국 황산 – 안후이성 (安徽省) 남부의 황산시 (黃山市)

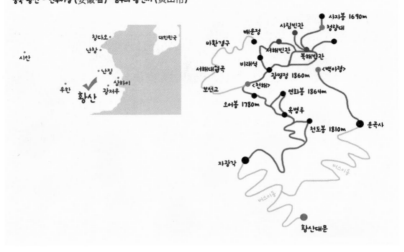

황산과 큐슈
일본 – 규슈 중심부 구마모토현

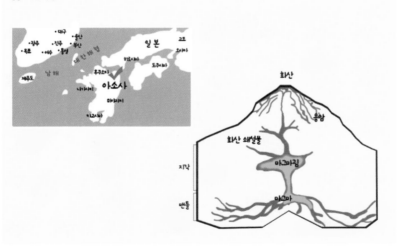

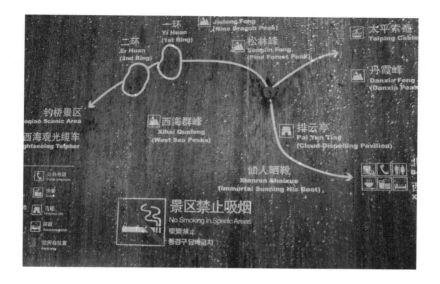

　황산에는 협곡 사이에 수많은 계단들이 있고, 절벽 사이에 다리가 놓여 있다. 그 길을 따라 걷다 보면 구름 사이로 보이는 기암괴석과 풍경, 가지가 휘휘 늘어진 소나무를 볼 수 있다. 풍경을 감상하다 보면 신선들의 세계에 와 있는 듯한 착각과 구름 위로 뛰어내리고 싶은 몽환에 빠져들게 된다. 발 내딛는 곳곳마다 절경과 비경인 그곳은 살아가면서 한 번은 꼭 봐야 할 풍경이다.

　특히 황산의 풍경 중 가장 아름다운 곳은 '서해대협곡'을 걷는 곳으로 산수화처럼 아름다운 경치가 여기저기 펼쳐져 있다. 수백 미터 높이의 아찔한 절벽을 따라 걷는 계단과 기암괴석들 사이로 펼쳐진 구름바다는 바라보는 자체로도 탄성이 터져 나온다. 서해대협곡 전 구간을 종주하고 산 위에서 숙박한 후 다음 날 일출을 보면서 그동안 살아왔던 이야기 등 친구와 대화의 시간을 가졌다. 또한 황산을 상징하는 암석인 비래석에서 함께 찍은 사진은 평생 추억으로 간직될 것이다.

영객송(迎客松)은 황산을 찾는 손님을 영접한다는 천년고목의 소나무로 연화봉과 천도봉 사이 암벽에서 자란다. 연간 200일 동안 자욱하게 끼여 있는 운해(雲海)는 동양의 산수화가 눈에 펼쳐진 듯하다.

일본 아소산은 불을 내뿜는 산을 의미하며 5개의 화산 분화구가 있다. 아소산은 기상 상태에 따라 입산 여부가 결정되는데 다행히 분화구를 볼 수 있었다.[106] 아소산 분화구 근처에는 유황 냄새가 짙어서 호흡하기가 매우 곤란하였다.

1991년에 규슈 서쪽에 위치한 운젠에서 화산이 폭발하면서 토석류에 가옥들이 매몰되면서 큰 피해를 입었다. 화산 분화는 인간에게 재

---

106) 아소산 분화 경계 수준은 1단계(잠재적 대비), 2단계(화구 주변 접근금지), 3단계(입산 금지), 4단계(대피준비), 5단계(대피) 등으로 구분돼 있다.

난이 되기도 하지만 동시에 이익을 가져다주기도 한다. 운젠시는 토석류 피해로 매몰된 가옥을 보존하는 공원을 만들고 화산이 분화할 경우 토석류가 지나갈 수 있도록 수무천을 만드는 등 재난에 대비하고 있다. 이렇듯 운젠 화산 폭발은 시마바라시에는 재난을 가져다주었지만 운젠시에는 온천의 발달을 가져다주어 없어서는 안 될 자원으로 인식되기도 한다.

• 규슈 운젠 화산 •

📷 사진 자료

·중국 황산·

• 중국 황산 •

• 일본 규슈 아소산 화산 •

· 일본 규슈 아소산 화산 ·

중국 황산 일출

일본 아소산 화산 분화구

1. 위 사진에서 느끼는 것을 한 줄 시로 표현해 보세요.

2. 여러분은 일출을 본 적이 있나요? 있다면 누구랑 보았으며 무엇을 느꼈는지 소개의 글을 써 보세요.

3. 하광훈[107]이 노랫말을 지어 곡을 붙이고 조관우[108]가 노래한 〈하늘, 바다, 나무, 별의 이야기〉를 찾아 들어 보세요. 이 노래가 표현하고자 한 것은 무엇일까요?

📖 경험 성찰하기

1. 다음 화산의 분화 양식에 대해 찾아보고, 화산 폭발과 참상에 대해 조사해 보세요.

- 인도네시아 화산 분화　　　　• 멕시코 화산 분화
- 일본 아소산 화산 분화

2. 자연재해에 맞서 극복한 사례를 조사하고, 자연재해 앞에서 우리가 가져야 할 태도에 대해 토론해 보세요.

---

107) 하광훈(1964~)은 가수 및 작곡가로 저작권 등록된 노래만 400여 곡에 이른다. 대표곡은 1987년 변진섭의 〈홀로 된다는 것〉, 〈너에게로 또다시〉, 김범수의 〈약속〉, 김민우의 〈사랑일 뿐이야〉, 장혜리의 〈내게 남은 사랑을 드릴게요〉 등 다수다.
108) 조관우(1965년~)는 가수이자 영화배우로, 데뷔곡은 〈늪〉이다. 정훈희의 곡 〈꽃밭에서〉를 리메이크하면서 큰 인기를 얻었고 영화에 다수 출연했다.

3. 일본 운젠 화산 폭발은 시마바라시에는 재난을 가져다주었지만 운젠시에는 온천의 발달을 가져다주어 없어서는 안 될 자원으로 인식됩니다. 화산지대에 사는 사람들의 다양한 생활 모습을 조사해 보세요.

📱 다음 여행 구상하기

1. 일본 온천 지역을 찾아보고 여행 계획을 세워 보세요.

2. 세계 각지의 화산지형에서 볼 수 있는 칼데라 호수와 온천 지역을 찾아보고, 그중 한 곳을 골라 여행 계획을 세워 보세요.

📚 학습 자료

1. 학습 영상
• EBS 동영상, 중국-황산, 영객송
• EBS 동영상(2011. 10. 12.), 다큐프라임 화산 3부: 위대한 불의 땅

2. 화산의 혜택과 재해
• 혜택
  −온천, 휴양지 또는 관광지로 개발
  −화산암을 이용한 석재, 황·붕산 등을 비롯한 각종 금속광산
  −분기를 이용한 지열발전 개발(이탈리아·뉴질랜드·일본 등)
• 재해

−토목공사나 농경의 어려움

−황기변질지대(黃氣變質地帶)에서의 산사태 등

−용암류, 화산쇄설물, 화산가스, 폭풍 등

−화산성 지진, 산사태, 지면의 균열, 해저분화에 수반되는 해일 또는 지진해일 발생(화산쇄설류, 이류)

3. 칼데라 호: 화구가 보통 지름 1㎞ 이내인 데 대하여 칼데라는 지름이 3㎞ 이상인 화구 모양의 와지를 말한다.

4. 화산분화
- **분화**: 지하에 있던 마그마 중 휘발하기 쉬운 성분은 화산가스가 되고 나머지는 용암이나 화산쇄설물로 지표에 분출하는 현상
- **화구**(火口) **또는 분화구**: 용암이나 화산쇄설물을 지표면에서 분출하는 곳
- **분기**(噴氣): 화산의 화구 내에나 산 사면에는 화산가스를 분출하는 분기공 중 가스물질만을 분출하는 경우를 말함

교육 현장에 입문한 2001년부터 수업 자료 수집을 위해 여행하고 촬영해 두었던 사진 자료를 선별해 18개 여행지를 선정하였다.

1990년 해외여행으로 처음 방문한 곳이 일본 교토의 유명 사찰이었는데, 그곳에서 일본인들의 특이한 습관을 발견했다. 첫째는 사찰의 약수터에 놓여 있는 바가지로 물을 떠서 먹은 후에는 반드시 다음 사람들을 위해 바가지를 깨끗이 씻어서 놓아두는 것이었다. 둘째, 화장실에서 손을 씻고 난 후에 종이 티슈를 사용하는데 그냥 버리지 않고 세면기 위에 흘린 물 자국을 한번 닦은 후에 버리는 것이었다. 다음 사람을 위한 배려심이 돋보이는 장면이었다. 보통 우리나라 사찰에 가면 사람들은 약숫물을 마실 때는 바가지를 한번 씻은 후에 물을 받아 마시고 그냥 놓고 가고, 화장실의 세면대에서 사용한 종이 티슈는 그냥 휴지통으로 버리기 일쑤인데, 우리와는 너무나도 다른 문화였다. 그 후 좋은 습관이라 여겨 나도 그렇게 해 보려고 노력하고 있다.

이십 년 동안 일주일에 한 번 낙성대에서 함께 공부했던 멤버 중 두 명이 정년퇴직을 한 후 강원도로 직장을 옮긴 현직 교수님과 함께 평창으로 퇴임 기념 여행을 떠났다. 평창 대관령에 있는 어느 목장을 걸으면서 학생들을 가르치는 동안 느꼈던 것들을 이야기하며 즐거운 시간을 가졌다. 그런데 일행 중 한 사람이 기념사진을 찍다가 바위의 뾰족한 면에 손가락을 베였다. 그날따라 구급상비약 가방을 차에 놓고 올라온 터라 난감한 상태였다. 지나가는 여행객들에게 사정을 말하니 밴드가 있는지 가방을 뒤지면서 자신의 일처럼 걱정해 주는 모습에 무척 감동받았다.

어려운 상황에 빠졌을 때 자신의 일처럼 도와주고 홀연히 사라지는 여행객들을 종종 만나게 되는데, 미처 고마움을 보답할 길이 없을 땐 매우 안타깝다. 칠 남매를 키우신 우리 어머니는 그럴 땐 받은 만큼 또 다른 누군가에게 베풀면 된다고 말씀하신다. 나쁜 일을 당하면 자신의 대에서 끝내고, 도움을 받으면 항상 보답을 하면서 살아야 한다며 그렇게 어머니는 가르치셨다.

여행을 하면 할수록 떠오르는 것은 부모님인데, 문득 박인로의 시조 '반중 조홍감이 고와도 보이나다 / 유자 아니라도 품음직도 하다마는 / 품어 가 반길 이 없을 새 글로 설워 하노라'가 떠오른다. 효도할 수 있을 땐 정작 곁에 계시지 않는다. 그래도 우리는 칠 남매이니 나는 참 복이 많은 사람임에 틀림없다.

살면서 문득 조언이 필요하거나 어려움이 있을 때 많은 가르침을 주시는 대학 은사님들이 계신다. 그분들을 만났기에 지금껏 나는 이렇게 행복한 여행을 하고 있는지도 모른다. 지난겨울 사진 자료 수집을 위해 춘천에 있는 김유정 문학관을 가야 했을 때, 본인들은 퇴임해서 시간이 많다며 기꺼이 동행해 준 두 분께 감사드린다. 유난히 추웠던 어느 겨울날 레일 바이크를 타며 몹시 신나 하셨지만 그 후 며칠간 감기로 앓아누웠다는 소식은 나중에야 들었다.

칠 남매의 대가족인 우리는 추석과 설날에는 펜션을 빌려서 시간을 보내기 때문에 며느리들이 명절 음식 준비로 인한 명절증후군을 걱정할 필요는 없다. 특히 음식 준비와 설거지는 전적으로 남자들의 몫이다. 친정이나 시댁에 특별한 일이 있을 때는 참석하지 않아도 전혀 뭐라고 하는 사람이 없다. 이러한 명절 문화를 정착시키기 위해서 몇 해 동안 의견 조율을 해야만 했었고, 지금은 가족 구성원들이 대체로 만족해한다.

책 수정 작업 때문에 설날 가족 모임에 참석하지 못한 나를 위해 일부 가족들이 함께 순천만 일대를 여행하기로 했다. 하필 스무 살 된 조카가 다리를 다쳤는데, 혼자 둘 수 없어 동행했다. 가는 곳마다 휠체어를 빌려서 이동했지만 턱이 많아 여간 불편한 것이 아니었다. 특히 사찰 을 방문할 때는 포장되지 않은 도로에 날씨가 풀려 질퍽거리는 길을 따라 휠체어를 운전하는 것은 곡예에 가까웠다. 80kg에 달하는 휠체어를 밀면서 느낀 것은 몸이 불편한 사람들이 편안하게 다닐 수 있는 길이 많지 않다는 것이다. 몸이 불편한 사람들은 주위의 풍경보다는 쉽게 갈 수 없는 턱 높은 길을 마주하는 시간이 많았다. 어떤 장소에 놓인 휠체어가 좋은지, 실질적으로 필요에 의해서 휠체어를 구비해 놓은 곳과 그렇지 않은 곳을 확인하는 여행이었다고 해도 과언이 아니다. 모두가 편안하고 안락한 여행을 할 수 있도록 사회적인 제도와 여건이 마련되어야 한다는 것을 절실하게 느끼게 한 소중한 체험이었다.

단양 고수 동굴은 원하는 사진이 없어서 자료 수집을 위해 다시 방문해야 했다. 단양은 처음이라는 초등학교 교사 친구와 함께 단양 팔경까지 둘러 보면서 학습 자료를 수집하였다. 비무장지대 방문은 지금은 퇴직하신 군내초등학교 최교장 선생님과 그곳에서 음식점을 운영하는 정 사장님이 많은 도움을 주셨다. 덕분에 무사히 비무장지대를 둘러볼 수 있었다. 제주도 중문 주상절리대의 사진이 있지만 갯깍 주상절리대의 사진이 없어서 다시 방문해야 했다. 첫 비행기를 타고 자료 수집을 한 후 서울에 도착하니 오후 4시였다. 요즘 친구들은 나한테 동에 번쩍 서에 번쩍한다며 홍길동이냐고 놀린다.

특히 주제를 정해 여행지를 선택할 때마다 동행해 준 동료 교사들과 나의 친구들 그리고 가족 모두에게 감사드린다. 정년퇴임을 하게 되면 그동안 열심히 살았다며 한 번쯤은 자신에게 항공기 비즈니스석을 선물하자고 친구와 약속했다던 안 부장님, 그 친구분과 멋진 여행을 하길 바란다. '인생은 긴 여행'이라고 누가 그랬던가! 우리 칠 남매 중 장남인 큰 오빠가 설날 가족 모임 후 쓰러져 중환자실에서 지냈다. 빨리 쾌차하여 조카들의 짐을 덜어 주기를 기대해 본다. 경제적 여유가 생기면 함께 여행을 가자고 할 때는 건강이 허락하지 않거나 이미 옆에 없을 수도 있다. 건강하고 다리에 힘이 있을 때 시간을 쪼개고 틈나는 대로 열심히 다녀야 한다는 생각을 하게 된다.

여행지와 관련된 시는 『한국시대백과사전』에서 인용한 것이 많으며, 저자와 연락이 닿지 않았다. 시와 저자 약력에 대한 문제가 있다면 저자나 출판사에 연락을 주기 바란다. 내소사의 '괘불탱화'와 '백의 관음보살좌상' 사진은 소중한 우리의 문화자산이다. 사진을 교육용으로 사용할 수 있도록 허락해 주신 내소사 주지 월봉 진성 스님께 깊은 감사를 드린다. 그리고 지도 디자인에 많은 도움을 준 제자 김지나에게 고마움을 표한다. 마지막으로, 부족한 원고임에도 불구하고 세심한 편집과 교정을 해 주신 '책과 나무' 편집부에 고마운 마음을 전한다.

참고문헌

1. 저서

- 구상, 『초토의 시』, 답게, 2000.
- 김영삼 편, 『한국시대사전』, 을지출판공사, 2002.
- 김영수, 『하늘길가에 핀 꽃들』, 가톨릭출판사, 2000.
- 김영숙·노성두·류승희, 『자연을 사랑한 화가들』, 아트북스, 2008.
- 김유정 저, 『원본 김유정 전집 (양장개정증보판)』, 강, 2012.
- 김종엽 역, 『노자 도덕경』, 가온미디어, 2007.
- 김형찬, 『율곡이 묻고 퇴계가 답하다』, 바다출판사, 2018.
- 노자 저, 오강남 풀이, 『도덕경』현암사, 1999.
- 레프 톨스토이 저, 김욱동 해설, 붉은여우 역, 『전쟁과 평화』, 지식의숲, 2013.
- 루쉰, 마오둔, 『고향』, 정산미디어, 2009.
- 류시화 편역, 『한 줄도 너무 길다』, 이레, 2000.
- 마츠오 바쇼 등저, 『하이쿠와 우키요에 그리고 에도 시절』, 다빈치, 2006.
- 마츠오 바쇼, 김정례 역, 『바쇼의 하이쿠 기행 1 : 오쿠로 가는 작은 길』, 바다출판사, 2008.
- 마크 존슨, 노양진 역, 『도덕적 상상력: 체험주의 윤리학의 새로운 도전』, 서광사, 2008.
- 박경리, 『토지 (전20권)』, 마로니에북스, 2013.
- 박현수, 『우울한 시대의 사랑에게』, 청년정신, 1998.
- 베네딕트 데 스피노자, 조현진 역, 『에티카』, 책세상, 2006.

- 석동일, 『동굴의 비밀』, 예림당, 2002.
- 스콧 오델 저, 김옥수 역, 『푸른 돌고래의 섬』, 우리교육, 1999.
- 시애틀 추장 외, 서율택 엮음, 『맨 처음 씨앗의 마음』, 그림같은세상, 2002.
- 신원우, 『곰은 왜 사람이 되려고 했을까?』(책과나무, 2019).
- 안도현, 『서울로 가는 전봉준』, 문학동네, 2004.
- 알랭 세르 글, 김현경 역, 박영택 감수, 『피카소, 게르니카를 그리다』, 톡, 2012.
- 염명순, 『땅의 마음을 그린 화가 밀레』, 아이세움, 2008.
- 오쇼 라즈니쉬, 『금강경』, 태일출판사, 2011.
- 우경식, 『동굴: 물과 시간이 빚어낸 신비의 세계』, 지성사, 2002.
- 유홍준, 『나의 문화유산답사기 일본편』, 창비, 2001.
- 윤동주, 『하늘과 바람과 별과 시』, 더스토리, 2019.
- 이광수, 『유정』, 애플북스, 2014.
- 이종형, 『꽃보다 먼저 다녀간 이름들』, 삶이보이는창, 2017.
- 이해인, 『민들레의 영토』, 가톨릭출판사, 2016.
- 일연 저, 김원중 역, 『삼국유사』, 민음사, 2008.
- 정강국, 『쉽고 재미있는 커피이야기』, 신화전산기획(동광), 2018.
- 장정제, 『알기쉬운 건축이야기 (개정판) 』, 시공문화사, 2015.
- 정채봉, 『물에서 나온 새』, 샘터, 2006.
- 정채봉, 송진헌 그림, 『오세암』, 샘터, 2006.
- 조지훈, 『승무』, 시인생각, 2013.

- 존 듀이, 박철홍 역, 『경험으로서 예술 1, 2』, 나남, 2016.
- 지승, 『바이칼 민족과 홍익인간 세상: 한민족 뿌리를 찾아가는 역사 여정』, 우리책, 2017.
- 찰스 테일러, 권기동·하주영 역, 『자아의 원천들 현대적 정체성의 형성』, 새물결, 2015.
- 최상운, 『고흐 그림여행 : 고흐와 함께하는 네덜란드·프랑스 산책』, 샘터, 2012.
- 최선웅, 김정호 원저, 민병준 글 『한글 대동여지도』, 진선출판사, 2017.
- 최인훈, 『광장·구운몽』, 문학과지성사, 2014.
- 최진석, 『생각하는 힘, 노자 인문학』, 위즈덤하우스, 2015.
- 켄 윌버, 『통합비전 : 삶, 종교, 우주, 그리고 모든 것에 대한 혁명적인 통합 접근법』, 김영사, 2014.
- 퇴계 이황 저, 최영갑 편, 『성학십도 : 열 가지 그림으로 읽는 성리학』, 풀빛, 2005.
- 편집부, 『황산 : 천하 으뜸의 신비의 명산—한 권으로 떠나는 중국 자유여행02』, 하비북스, 2007.
- 하늘땅 글, 정순임, 안상정 그림, 이종국 감수, 『천 년의 역사를 가진 우리나라 녹차 이야기』, 아람, 2013.
- 한국윤리학회, 『2012 제20차 한중윤리학국제학술대회 '현대 사회 윤리 문제의 특징'』
- 함석진, 신현정 글, 이경국 그림, 윤성효 감수, 『부글 부글 땅속의 비밀 화산과 지진』, 웅진주니어, 2010.

- 황의웅, 『역사와 이야기가 있는 세계의 건축』, 돌도래, 2015.
- G. 레이코프, M. 존슨, 노양진·나익주 역, 『삶으로서의 은유(수정판)』, 박이정, 2003.
- HURRYTOR, 『파리지앵이 직접 쓴 진짜 프랑스 여행기 에펠탑 인근 편』, IWELL(아이웰콘텐츠), 2016.
- John Zukowsky, Robbie Polley 저, 고세범 역, 『일러스트와 함께하는 유명 건축물 이야기』, 영진닷컴, 2019.
- McCarty, Marietta, 『Little Big Minds』, Putnam Pub Group, 2006.
- Steven Fesmire, 『John Dewey and Moral Imagination』, Indiana University Press, 2003.

2. 음반

- 데이빗 그리스만(David Grisman) 오중주단, '도그네이션(Dawgnation)'
- 데이빗 크로스비(David Crosby)와 그라함 내시(Graham Nash), '마지막 고래'
- 알란 호바네스(Alan Hovhaness), '그리고 신은 위대한 고래를 창조하셨다'
- 알란 호바네스(Alan Hovhaness), '미스터리한 산, 사막의 편지, 세인트 헬렌산(mount St. Helens)'
- Ocean, '돌고래의 울음'
- 최성원, '제주도 푸른 밤'
- 신중현, '커피 한 잔'
- 조관우, '하늘, 바다, 나무, 별의 이야기'

3. 인터넷

- 구글(google)의 구글맵(map.google.com)
- 3차원 설치형지도인 구글어스(earth.google.com)
- 네이버지도(map.naver.com)
- 다음지도(local.daum.net)
- 네이버와 다음 백과 사전